大桥涂装

大桥施工

锚石定施工

吊索施工

主缆架设

缆索施工完成

俯视大桥

桥面施工完成

门形桥塔

"中国结"吊装

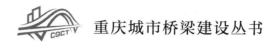

重庆城市桥梁建设丛书

山地城市钢箱加劲梁悬索桥建造技术
——重庆寸滩长江大桥

SHANDI CHENGSHI GANGXIANG JIAJINLIANG
XUANSUOQIAO JIANZAO JISHU
CHONGQING CUNTAN CHANGJIANG DAQIAO

重庆市城市建设投资（集团）有限公司／编著

重庆大学出版社

内容提要

本书以重庆寸滩长江大桥的建设为依托,介绍了山地城市大跨钢箱加劲梁悬索桥建造技术,主要内容包括概述、建设方案研究、山地城市悬索桥结构设计、桥梁防护系统耐久性及排水设计、索塔大横梁 H 型钢托架施工技术、主缆锚杆与混凝土非接触技术及工艺、库区山地城市悬索桥加劲梁安装技术、基于"中国结"的城市桥梁景观设计与实施、山地城市悬索桥施工关键技术及成桥荷载试验研究、项目建设管理。

本书对同类桥梁建设具有重要的参考价值,可供桥梁工程设计、施工及建设管理人员借鉴,也可供高等学校相关专业学生学习参考。

图书在版编目(CIP)数据

山地城市钢箱加劲梁悬索桥建造技术 : 重庆寸滩长

江大桥 / 重庆市城市建设投资(集团)有限公司编著

. -- 重庆 : 重庆大学出版社,2024.12

ISBN 978-7-5689-4315-4

Ⅰ. ①山… Ⅱ. ①重… Ⅲ. ①山区城市—长跨桥—钢

桁架桥—悬索桥—桥梁施工—重庆 Ⅳ. ①U448.21

中国国家版本馆 CIP 数据核字(2023)第 251324 号

山地城市钢箱加劲梁悬索桥建造技术
——重庆寸滩长江大桥

SHANDI CHENGSHI GANGXIANG JIAJINLIANG XUANSUOQIAO JIANZAO JISHU

CHONGQING CUNTAN CHANGJIANG DAQIAO

重庆市城市建设投资(集团)有限公司 编著

责任编辑:肖乾泉 版式设计:肖乾泉

责任校对:刘志刚 责任印制:赵 晟

*

重庆大学出版社出版发行

出版人:陈晓阳

社址:重庆市沙坪坝区大学城西路 21 号

邮编:401331

电话:(023)88617190 88617185(中小学)

传真:(023)88617186 88617166

网址:http://www.cqup.com.cn

邮箱:fxk@cqup.com.cn(营销中心)

全国新华书店经销

重庆长虹印务有限公司印刷

*

开本:787mm×1092mm 1/16 印张:11 字数:238 千 插页:16 开 3 页

2024 年 12 月第 1 版 2024 年 12 月第 1 次印刷

ISBN 978-7-5689-4315-4 定价:49.00 元

编 委 会

序　言

从 2007 年原重庆市城市建设投资公司决定对投资建设的跨长江、嘉陵江的特大桥编辑"重庆城市桥梁建设丛书"开始，至 2013 年间先后编辑出版了《重庆石板坡长江大桥复线桥》《重庆鹅公岩长江大桥》《重庆菜园坝长江大桥》《重庆朝天门长江大桥》《重庆黄花园嘉陵江大桥》和《重庆鱼洞长江大桥》6 部著作。2010 年，重庆市城市建设投资公司更名为重庆市城市建设投资（集团）有限公司（简称"城投集团"）后，继续承担重庆市城市桥梁投资建设任务，10 多年间相继在长江、嘉陵江上建成了一大批桥梁。为真实记录重庆市最新桥梁建设、设计、施工和管理的科技成果和建设成就，整理保存桥梁建设的技术资料和重要档案，提高桥梁建设的管理水平，为从事桥梁专业和行业的工程技术人员、高校学生提供桥梁建设实例，宣传桥梁文化，普及桥梁科技知识，城投集团组织续编出版"重庆城市桥梁建设丛书"。

续编的"重庆城市桥梁建设丛书"与之前的 6 部著作相比，在内容设计上有较大的调整。之前的著作突出了各座桥梁建设中的亮点、看点和难点，但重点在内容的系统性和完整性，把当时涉及的技术、工艺做了充分的展示，着重于技术总结。续编的各桥著作则系统深入地对建设项目新理念、新技术、新工艺等进行了分析和阐述，对之前著作里已介绍过的成熟施工技术、工艺则选择性略过，具有更强的创新性、系统性、科技性,同时对桥梁文化进行了提炼,对建桥过程中的人文历史进行了收集、记载,并在专门章节中进行详述,增强了可读性。

30年桥梁建设管理的风雨历程,留下的不仅仅是重庆主城跨越两江的十余座特大桥梁,还有百炼成钢的技术、管理团队,广大市民美丽舒适的生活环境,以及先进的桥梁建设技术成果。桥梁建设技术会随着其他领域的不断进步而持续发展,良好的传承则会有效促进发展。愿"重庆城市桥梁建设丛书"能够为广大桥梁建设者推动桥梁事业高质量发展助力!

前　言

　　悬索桥的历史可以追溯到 3 000 年前的藤索、竹索吊桥。第一座现代悬索桥——主跨486 m 的布鲁克林大桥于1883 年在美国纽约建成。目前,悬索桥已成为桥梁的主要形式,最大跨度已达 2 023 m。

　　重庆寸滩长江大桥为双塔单跨钢箱加劲梁悬索桥,主梁采用流线型扁平封闭钢箱梁,桥塔采用钢筋混凝土门式框架结构,两岸锚碇均为重力式锚碇、明挖扩大基础;主缆采用预制平行钢丝索股,全桥共两根主缆,每根主缆由 110 股 127-5.1 mm 镀锌高强钢丝组成,钢丝标准抗拉强度不小于 1 770 MPa。

　　本书依托重庆寸滩长江大桥建设,介绍山地城市大跨钢箱加劲梁悬索桥建造技术,主要内容包括概述、建设方案研究、山地城市悬索桥结构设计、桥梁防护系统耐久性及排水设计、索塔大横梁 H 型钢托架施工技术、主缆锚杆与混凝土非接触技术及工艺、库区山地城市悬索桥加劲梁安装技术、基于"中国结"的城市桥梁景观设计与实施、山地城市悬索桥施工关键技术及成桥荷载试验研究、项目建设管理。本书对同类桥梁设计、施工及建设管理具有重要的参考价值。

　　本书在编写过程中,参阅了一些公开出版和发表的文献,在此对相关作者表示感谢;书中部分图片无法联系到作者,如涉及版权使用问题,请与本书作者联系。

　　由于编者水平有限,书中谬误在所难免,敬请读者批评指正。

作　者

2024 年 9 月

目 录
CONTENTS

第1章　概述 　　　　　　　　　　　　　　　　　　／1

1.1　工程概况 　　　　　　　　　　　　　　　　　／1
1.2　技术特点及创新 　　　　　　　　　　　　　　／13
1.3　景观设计及文化创新 　　　　　　　　　　　　／14

第2章　建设方案研究 　　　　　　　　　　　　　　／17

2.1　线路方案比选 　　　　　　　　　　　　　　　／17
2.2　桥型方案比选 　　　　　　　　　　　　　　　／21

第3章　山地城市悬索桥结构设计 　　　　　　　　　／37

3.1　概述 　　　　　　　　　　　　　　　　　　　／37
3.2　平纵横设计 　　　　　　　　　　　　　　　　／37
3.3　结构设计 　　　　　　　　　　　　　　　　　／40

第4章　桥梁防护系统耐久性及排水设计 　　　　　　／66

4.1　概述 　　　　　　　　　　　　　　　　　　　／66
4.2　主缆防腐方案研究 　　　　　　　　　　　　　／66
4.3　新型超低模量的主缆钢锚杆隔离和防护 　　　　／73
4.4　主缆柔性中央扣索和主梁梁端阻尼器 　　　　　／75
4.5　钢箱梁采用油漆和抽湿双重防腐 　　　　　　　／76
4.6　混凝土涂装防护 　　　　　　　　　　　　　　／76
4.7　排水系统设计 　　　　　　　　　　　　　　　／77

第5章 索塔大横梁H型钢托架施工技术 /80

5.1 H型钢托架总体设计 /80
5.2 大横梁钢托架施工工法 /85
5.3 钢托架预压 /93

第6章 主缆锚杆与混凝土非接触技术及工艺 /99

6.1 概述 /99
6.2 锚杆涂装防护材料研究 /99
6.3 密封胶性能模拟验证试验 /108
6.4 主缆锚固系统锚杆与混凝土防黏结处理施工工法 /111

第7章 库区山地城市悬索桥加劲梁安装技术 /119

7.1 概述 /119
7.2 水陆交替区域钢箱加劲梁架设技术 /119
7.3 边跨梁段自边向中、跨中梁段自中向边的钢箱梁架设施工工法 /121

第8章 基于"中国结"的城市桥梁景观设计与实施 /131

8.1 城市桥梁景观要求 /131
8.2 景观设计背景 /131
8.3 景观创意 /133
8.4 桥型方案的比选及确定 /133
8.5 牌楼塔 /135
8.6 "中国元素"在全桥景观设计中的运用 /136
8.7 景观实施 /137

第9章 山地城市悬索桥施工控制关键技术及成桥荷载试验研究 /143

9.1 概述 /143
9.2 施工控制关键技术研究 /143
9.3 成桥荷载试验研究 /148

第 10 章　项目建设管理　　　　　　　　　　　　　　　　　　　／154

　10.1　重庆寸滩长江大桥建设管理　　　　　　　　　　　　／154
　10.2　重庆寸滩长江大桥建设历程　　　　　　　　　　　　／159
　10.3　重庆寸滩长江大桥建成的意义　　　　　　　　　　　／160

第1章

概　述

1.1　工程概况

1.1.1　山地城市交通规划

重庆寸滩长江大桥是重庆机场专用快速路南段的关键节点工程,是重庆南岸区和江北区重要的过江通道。

重庆机场专用快速路是《重庆江北国际机场综合交通规划》中规划的"一二三四"综合交通规划布局(即一条铁路、两条轨道、三横、四纵道路网络)"四纵道路"的一部分,由南岸弹子石直达江北国际机场 T3 航站楼。

重庆机场专用快速路起于内环高速公路黄桷湾立交(K0+160),向北上跨腾龙大道设腾龙立交,经白沙沱上游设重庆寸滩长江大桥上跨长江后,于港城工业园上跨渝长高速设跑马坪立交(K4+200),路线向北经高新农业园区东侧于石坝子附近上跨规划一横线设石坝子立交,路线继续向北沿两路工业园区东侧于桃子湾附近上跨机场南联络道(简称机南线)设桃子湾立交,之后向北连接江北国际机场 T3 航站楼,路线全长约 14 km(图 1.1)。

重庆机场专用快速路以跑马坪立交为界,跑马坪立交(含)以北为"重庆市机场专用快速路工程北段",跑马坪立交(不含)以南为"重庆市机场专用快速路工程南段"。重庆市机场专用快速路工程南段路线呈南北走向,路线全长 4.04 km,其中重庆寸滩长江大桥长 1.6 km,南引道部分长 2.44 km。

重庆机场专用快速路对促进重庆江北国际机场的快速发展、完善城市路网结构等均具有重要作用。

图 1.1　重庆机场专用快速路位置示意图

1.1.2　地理位置及工程建设条件

1)地理位置

重庆寸滩长江大桥位于朝天门长江大桥(拱桥)和大佛寺长江大桥(斜拉桥)下游,与二者的距离分别约为 5.5 km 和 3 km(图 1.2)。

2)地形、地貌

重庆机场专用快速路工程南段线路较长,地形起伏大,地面高程从最低的 152 m 到最高的 307 m,所经地段地貌类型较多。根据地貌成因和形态的差别,其沿线地貌形态大致分两个地貌单元区,即河谷侵蚀堆积阶地貌(为长江河谷岸坡地貌)以及构造剥蚀丘陵地貌(主要为构造剥蚀浅丘区)(图 1.3、图 1.4)。

3)气候、气象

区内气象具有空气湿润、春早夏长、冬暖多雾、秋雨连绵的特点,年无霜期为 349 天左右。

据统计,区内多年平均气温为 18.3 ℃,月平均最高气温在 8 月为 28.1 ℃,月平均最低气温在 1 月为 5.7 ℃,日最高气温为 43 ℃,日最低气温为-1.8 ℃。

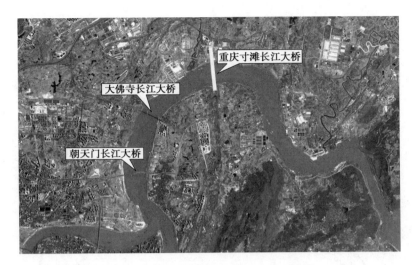

图 1.2　重庆寸滩长江大桥地理位置图

图 1.3　重庆寸滩长江大桥南岸地貌　　　　图 1.4　重庆寸滩长江大桥北岸地貌

区内以降雨为主,雪、冰雹少见,多年平均降雨量为 1 186.5 mm。降雨量多集中在 5—9 月,其中 5 月降水最为丰富,平均降雨量为 177.2 mm。降雨量不足 25 mm 的少水月为 12 月、1 月、2 月,以 1 月降雨量最少,平均降雨量为 18.8 mm。多年平均最大日降雨量为 94.2 mm。年平均降雨日为 161.3 天,小时最大降雨量可达 62.1 mm。

多年平均相对湿度为 79% 左右,绝对湿度为 17.7 hPa 左右;最热月份相对湿度为 70% 左右,最冷月份相对湿度为 81% 左右。

全年主导风向为北,频率为 13% 左右;夏季主导风向为北西,频率为 10% 左右;年平均风速为 1.3 m/s 左右,最大风速为 26.7 m/s。

4)河道概况

桥址河段上起大佛寺长江大桥,下至母猪碛滩尾,长约 3.2 km。该河段河形弯曲,河槽宽浅,深槽由大佛寺长江大桥处的河心偏右逐渐过渡至紧贴左岸,然后基本沿左岸下。右岸边滩发育,滩面高 2~4 m。在大佛寺长江大桥桥位附近,受左石梁控制,主流基本从河心下,其后河道开始逐渐向右转弯,主流逐渐偏离河心,过渡至左岸寸滩集装箱码头区前沿,主流顶冲点随着流量的增加而逐渐上移,洪水期寸滩集装箱码头区前沿流速可达 3 m/s 以上,弯道水流特性明显。

大桥位于重庆寸滩港区下游 1.2 km,上距朝天门(长江与嘉陵江汇合口)约 7.7 km,

距宜昌航道里程为 652.1 km;大桥左岸连接重庆江北区港城工业园区,右岸接重庆南岸区弹子石,距大佛寺长江大桥约 3 km。桥区河段河势及拟选桥位平面布置如图 1.5 所示。

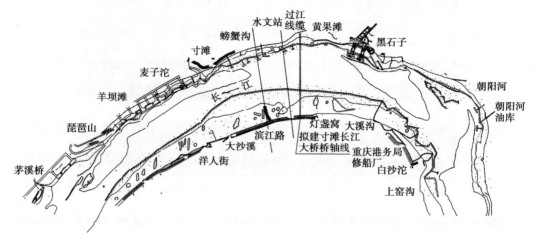

图 1.5　桥区河段河势图

5)三峡水库蓄水运行情况

桥位河道处于三峡水库 175 m 蓄水方案回水变动区内。三峡工程汛期为防洪需要,每年 5 月末至 6 月初,水库水位降至防洪限制水位 145 m(初期蓄水相应为 135 m);整个汛期 6—9 月,水库一般维持此低水位运行。

10 月份,水库蓄水,库水位逐步抬升至 175 m(初期 156 m)运行;少数年份,蓄水过程延续至 11 月份。11 月至次年 4 月底,水库应尽量维持在较高水位,水电站按电网调峰要求运行。当入库流量低于电站保证出力对流量的要求时,动用调节库容,库水位开始下降,但 4 月末以前库水位不低于 155 m(初期 140 m)。

6)桥渡水文特征

(1)水文泥沙基本特征

在工程上游约 400 m 处有寸滩水文站,该水文站为国家一级水文站。寸滩水文站上距嘉陵江入汇口约 7 km,积水面积为 866 559 km²。该水文站至工程河段范围内无大的支流入汇,可作为该工程河段的基本控制水文站。

根据寸滩水文站 1953—2008 年间 56 年的实测资料,多年平均径流量为 3 475 亿 m³。长江上游洪水发生时间和地区分布与暴雨一致,洪峰变化的基本特征是持续时间短,涨落速度快,呈陡涨陡落的多峰形状,汛期洪水多集中于 7—9 月。径流量年内分配极不均匀,其中,汛期 5—10 月径流量为 2 778 亿 m³,占全年的 79.9%;主汛期 7—9 月径流量为 1 841 亿 m³,占全年的 53.0%,占汛期径流量的 66.3%;非汛期流量仅占年径流量的 20.1%。径流量的年际变化不大,实测最大径流量为 4 475 亿 m³(1954 年),最小径流量为 2 479 亿 m³(2006 年),二者比值为 1.81。

长江泥沙输移主要以悬移质为主,主要来自金沙江和嘉陵江,其多年平均输沙量占宜昌站总量的74.9%,其中,金沙江屏山站占50.9%,嘉陵江北碚站占24.0%,其他支流来沙量较小。

（2）桥渡设计值的确定

根据寸滩水文站1953—2008年的实测资料,按照三峡工程运行调度计划,于2009年蓄水至175 m时,寸滩水文站将受回水影响。三峡库区相关研究成果表明,三峡水库蓄水后,库区(包括变动回水区、常年回水区)将发生泥沙累积性淤积,水位不断抬高,在三峡库区运行100年后基本达到平衡。寸滩水文站处于三峡水库变动回水区,汛期不受回水影响,但受库区泥沙淤积影响,各频率洪水水位有不同程度抬高。

根据相关研究成果,寸滩水文站在三峡水库运行30年和100年后各频率洪水流量、水位如表1.1所示。

表1.1　寸滩水文站不同频率洪水流量、水位表

洪水频率 $P(\%)$		1	2	5	10	20
寸滩水文站流量($\mathrm{m^3/s}$)		88 700	83 100	75 300	69 100	61 400
水位(m)	天然情况	191.37	189.81	187.47	185.57	183.07
	三峡水库运行30年	193.48	192.19	190.24	188.57	186.34
	三峡水库运行100年	196.73	195.58	193.72	192.33	190.32

7）桥址河段河床演变特征

桥址河段位于长江上游丘陵宽谷河段,两岸及河床大多由基岩组成,河床为卵石夹沙或基岩组成。在漫长的历史年代里,河床在江水侵蚀下缓慢下切,河床形态变化十分缓慢。由于地质组成不同,侧蚀强弱有差异,形成了参差不齐的岸线,逐步形成近期河道平面形态。

经收集多年来的桥区河段河道地形图进行河床演变分析,结果表明,在天然情况下,桥址河段的岸线、边滩、深泓线、深槽及河道断面变化均较小,河势稳定。

当三峡水库按175 m—145 m—155 m方案调度运行以后,桥区河段将处于三峡水库回水变动区的中上段。当三峡水库蓄水运行后,天然河道自身的冲淤演变规律被打破,其结果造成该河段的泥沙淤积呈累积性增长趋势。

重庆西南水运工程科学研究所进行了三峡水库变动回水区重庆河段泥沙模型试验研究。试验结果表明,在三峡水库按175 m方案运行的情况下,重庆主城区河段的泥沙淤积具有呈累积性增长的趋势,泥沙淤积的主要部位是弯曲河段的凸岸边滩、河道放宽段、回流沱区和岸线参差不齐的凹岸缓流区等。从泥沙淤积的横向分布来看,淤滩留槽是重庆河段泥沙淤积的主要特点,大部分河段原有的深槽基本能够保留。从泥沙淤积速率来看,重庆河段在水库运行初期泥沙淤积发展较为迅速,淤积量较多,淤积强度和淤积速度均较大;随着淤积边滩的逐渐形成,重庆河段的泥沙淤积速率将逐步放缓,直至达到冲淤平衡。

综上所述,在天然情况下,桥区河段表现为典型的山区河流特征,河床及河岸边界约束较强,滩槽稳定;在三峡水库按175 m方案运行后,桥区河段右岸边滩出现泥沙累积性淤积,而左岸深槽几乎没有发生泥沙淤积,对桥区河段的河床演变影响甚小。河势总体上是稳定的,适宜建桥。

8)通航

(1)港口现状及发展规划

重庆主城港区为重庆港的主枢纽港区,是长江上游交通枢纽的重要组成部分。重庆主城港区现主要包括朝天门客运旅游中心和九龙坡、寸滩、新港及若干中小作业区。

根据《重庆市港口布局规划》,重庆主城港区将规划旅游客运作业区泊位29个和货运作业区24个。旅游客运作业区为:规划改造朝天门客运旅游码头4个、400万人次;规划新建江北嘴客运码头泊位3个、300万人次;南岸广阳坝旅游客运泊位2个、30万人次。货运作业区为:以集装箱、汽车滚装为主的作业区;以大宗散货、杂件为主的作业区;以化危品作业为主的作业区。

(2)航道现状及规划

大桥距宜昌航道里程652.1 km,根据原交通部、水利部和国家经济贸易委员会发布的《关于内河航道技术等级的批复》和《长江干线航道发展规划》,以及交通运输部2008年编制的《长江干线航道总体规划纲要》,确定重庆寸滩长江大桥河段航道等级为国家Ⅰ(2)级航道标准。

现航道维护标准以羊角滩(660 km)为界,羊角滩以下航道维护尺度为2.9 m×60 m×750 m(航深×单线航宽×弯曲半径,以下同),羊角滩以上航道维护尺度为2.7 m×50 m×560 m,通航保证率为98%。

三峡水库已于2008年10月按坝前水位172 m以上方案运行,长江干线从坝区到重庆江津区近700 km河段的航道条件得到显著改善。根据相关标准和规划,桥区河段规划航道维护尺度为3.5 m×100 m×1 000 m。

(3)通航环境

大桥左岸是重庆港寸滩港区,上游600 m左岸设有锚地,上游150 m左岸设有锚地,上游1.03 km右岸有洋人街客运码头;下游450 m左岸为港城工业园码头,下游1.1 km右岸为白沙沱锚地。受三峡水库回水影响期间,洋人街一带也作为寸滩港区锚地使用。桥位上、下游安全距离范围内均有港口、码头,不能满足《内河通航标准》(GB 50139—2004)[①]第5.1.1条中规定要求。建桥需采用大跨径一孔跨过通航水域。

大桥上游3 km建有大佛寺长江大桥,桥位与大佛寺长江大桥之间已架设4处过江电线;过江电线支点均位于河岸之上,线路最低点均能满足通航的要求。大桥与大佛寺长江大桥、线路之间的间距满足规范要求,不存在相互影响。

---

① 该标准为重庆寸滩长江大桥规划、建设期所用现行标准,全书下同,不再赘述。

（4）通航净空尺度

根据《内河通航标准》（GB 50139—2004）相关规定，即Ⅰ（2）级航道的桥梁通航孔净高应不小于18 m。根据《重庆寸滩长江大桥通航净空尺度和技术要求论证研究报告》，大桥桥轴线与水流流向存在夹角，相对桥轴线法向横向流速超过0.8 m/s，应一孔跨过通航水域。

（5）通航水位

根据《重庆寸滩长江大桥通航净空尺度和技术要求论证研究报告》，最高通航水位为195.4 m（吴淞高程），其黄海高程值为193.72 m；最低通航水位为158.35 m（吴淞高程），其黄海高程值为156.67 m。

9）工程地质

总体而言，大桥位于长江两岸，属长江河谷岸坡地貌和构造剥蚀浅丘地貌，沿线未发现断层，岩层受构造应力作用轻微，岩体层面结合较好，构造裂隙不发育，基岩完整性较好，地层层序正常，未见滑坡、泥石流、塌陷等不良地质现象；沿线岩、土体总体稳定，适宜兴建大桥。桥梁各部分地质情况分述如下：

（1）南引桥

该段线路走向358°，与构造线呈小角度斜交。地形坡度一般为5°～25°，上覆土层为第四系人工填土和残坡积粉质黏土，厚度为0～9.30 m；下伏基岩为侏罗系中下统自流井组砂质泥岩夹薄层状灰岩。

上覆土层均匀性差，承载力低，不能作为桥墩基础持力层；下伏基岩承载力较高，稳定性好，是理想的基础持力层。桥台、桥墩均采用下伏中等风化基岩作为基础持力层，桥台采用浅基础形式，桥墩采用桩基础形式。

（2）南锚碇

该线路走向358°，与构造线呈小角度斜交。地形坡度为5°～30°，上覆土层为第四系人工填土和残坡积粉质黏土，厚度为0.5～11.5 m。其中，第四系人工填土主要由黏性土和泥岩块、碎石组成，稍密～中密，稍湿～湿润，厚度为0～11.50 m；残坡积粉质黏土呈可塑状，厚度为0～3.40 m。下伏基岩为侏罗系中下统自流井组砂质泥岩夹薄层状灰岩，砂质泥岩岩体较完整～完整，为软岩～极软岩，岩体基本质量等级为Ⅳ级。

东侧基坑边坡为岩土混合边坡。该段边坡坡向与岩土界面方向相反，直立切坡，上部土质边坡土体易自身失稳发生垮塌；下部岩质边坡坡向与层面倾向呈小角度斜交，边坡的外倾结构面为层面，直立切坡，边坡岩体易沿层面产生滑塌。因此，施工时，土质边坡按1∶1.50的坡率进行临时放坡，岩质边坡按层面的倾角42°进行放坡。

西侧基坑边坡主要为岩质边坡。下部岩质边坡坡向与裂隙面J1倾向呈小角度斜交，边坡的外倾结构面为裂隙面J1，直立切坡，边坡岩体易沿裂隙面J1产生滑塌。因边坡高度大，进行专门研究论证。边坡施工时，按裂隙面的倾角46°进行放坡处理或采用放坡加锚杆挡墙的方式进行支挡。

南侧基坑边坡为岩土混合边坡。该段边坡下伏岩土界面平缓，直立切坡，上部土质边坡土体易自身失稳发生垮塌;下部岩质边坡坡向与层面倾向正交,与裂隙面 J2 反向,边坡的无外倾结构面,边坡的稳定性受岩体自身强度控制。因边坡高度大,进行专门研究论证。施工时,土质边坡按 1∶1.50 的坡率进行临时放坡,岩质边坡按 1∶0.75 的坡率进行放坡处理。

北侧基坑边坡为岩土混合边坡。该段边坡下伏岩土界面平缓,直立切坡,上部土质边坡土体易自身失稳发生垮塌;下部岩质边坡坡向与层面倾向正交,与裂隙面 J2 小角度斜交,边坡的外倾结构面为裂隙面 J2,直立切坡,边坡岩体易沿裂隙面 J2 产生滑塌。施工时,土质边坡按 1∶1.50 的坡率进行临时放坡,岩质边坡按裂隙面 J2 的倾角 65°进行放坡处理。

按照锚碇区基底设计标高开挖后,基底中～微风化基岩出露,基岩强度高,稳定性好,是良好的基础持力层。锚碇区采用下伏中～微风化的基岩作地基,采用浅基础形式。另外,锚碇区基岩以砂质泥岩为主,基坑开挖后,基岩易风化,导致承载力与摩擦系数降低,因此,应及时做好封闭工作。

(3)南主塔

该段线路走向 358°,与构造线呈小角度斜交。地形较陡,坡度一般为 25°,上覆土层为第四系人工填土和冲洪积卵石土,厚度为 12.80～23.1 m。其中,人工填土主要由黏性土和泥岩块、碎石组成,局部夹卵石和中细砂,稍密～中密,稍湿。下伏基岩为侏罗系中下统自流井组砂质泥岩夹薄层状灰岩,砂质泥岩岩体较完整～完整,为软岩～极软岩,岩体基本质量等级为Ⅳ级。

根据工程地质剖面图分析,主塔位置岩土界面起伏较大,上覆土层均匀性差,承载力低,不能作为塔墩基础持力层;下伏基岩承载力较高,稳定性好,是理想的基础持力层。主塔塔墩均采用下伏中～微风化基岩作为基础持力层,采用桩基础形式。

主塔施工开挖后,在主塔四周形成基坑边坡,主要为土质边坡。根据工程地质剖面图分析,边坡下伏岩土界面较平缓,边坡的破坏模式为边坡土体内部失稳发生垮塌,按 1∶1.75 的坡率进行放坡处理。

(4)北主塔

该段线路走向 358°,与构造线呈小角度斜交。地形较陡,坡度一般为 15°,上覆土层依次为第四系人工填土、残坡积粉质黏土、冲积粉土和江北砾石层,厚度为 3.20～11.40 m。其中,第四系人工填土主要由黏性土和泥岩块、碎石组成,局部夹中细砂,稍密,稍湿;残坡积粉质黏土呈可塑～硬塑状,局部夹块石;冲积粉土呈稍湿～湿润状,密实,局部含粉细砂和腐木;江北砾石层呈胶结或半胶结状态,质硬。下伏基岩为侏罗系中下统自流井组砂质泥岩夹薄层状灰岩,砂质泥岩岩体较完整～完整,为软岩～极软岩,岩体基本质量等级为Ⅳ级。

主塔位置岩土界面起伏较大,上覆土层均匀性差,承载力低,不能作为塔墩基础持力层;下伏基岩承载力较高,稳定性好,是理想的基础持力层。主塔塔墩均采用下伏中～微风化基岩作为基础持力层,采用桩基础形式。

主塔施工开挖后,在主塔四周形成基坑边坡,主要为土质边坡。根据工程地质剖面图分析,东、西两侧基坑边坡下伏岩土界面较平缓,南侧基坑边坡坡向与岩土界面方向相反,该三侧边坡的破坏模式为边坡土体内部失稳发生垮塌,按 1∶1.75 的坡率进行放坡处理;对于北侧边坡,下伏岩土界面较陡,基坑开挖后,边坡土体易沿岩土界面产生滑塌,导致岸坡土体大面积垮塌,施工时采用桩板挡墙进行支挡后再进行大面积开挖。

（5）北引桥

该段线路走向 358°,与构造线呈小角度斜交。地形坡度一般为 10°～20°,上覆土层为第四系人工填土和残坡积粉质黏土,厚度为 1.0～5.6 m;下伏基岩为侏罗系中下统自流井组砂质泥岩夹薄层状灰岩。

上覆土层均匀性差,承载力低,不能作为桥墩基础持力层;下伏基岩承载力较高,稳定性好,是理想的基础持力层。桥墩均采用下伏中等风化基岩作为基础持力层,采用桩基础形式。

（6）北锚碇

该段线路走向 358°,与构造线呈小角度斜交。地形坡度一般为 3°～5°,上覆土层为第四系人工填土,厚度为 0～2.0 m;下伏基岩为侏罗系中下统自流井组砂质泥岩夹薄层状灰岩,砂质泥岩岩体较完整～完整,为软岩～极软岩,岩体基本质量等级为Ⅳ级。

东侧基坑边坡为岩质边坡。下部岩质边坡坡向与层面倾向呈小角度斜交,边坡的外倾结构面为层面,直立切坡,边坡岩体易沿层面产生滑塌。因边坡高度大,进行专门研究论证。施工时,按层面的倾角 42°进行放坡或采用放坡加锚杆挡墙进行综合支挡。

西侧基坑边坡主要为岩质边坡。下部岩质边坡坡向与裂隙面 J1 倾向呈小角度斜交,边坡的外倾结构面为裂隙面 J1,直立切坡,边坡岩体易沿裂隙面 J1 产生滑塌。根据工程地质剖面图,边坡西侧在建的金雅迪项目距边坡开挖线 22.0～31.0 m,其基底与边坡坡脚连线倾角为 38°～48°,局部位于边坡潜在滑动面之内,因此,边坡开挖对在建的金雅迪项目存在一定影响。由于放坡条件有限,施工时因边坡高度大,进行专门研究论证。边坡施工时,按放坡加锚杆挡墙进行综合支挡,边坡坡率可按 1∶0.30 进行。

南侧基坑边坡为岩质边坡。下部岩质边坡坡向与层面倾向正交,与裂隙面 J2 反向,边坡无外倾结构面,边坡的稳定性受岩体自身强度控制。因边坡高度大,进行专门研究论证。施工时,按 1∶0.75 的坡率进行放坡处理。

北侧基坑边坡为岩质边坡。下部岩质边坡坡向与层面倾向正交,与裂隙面 J2 小角度斜交,边坡的外倾结构面为裂隙面 J2,直立切坡,边坡岩体易沿裂隙面 J2 产生滑塌。施工时,按裂隙面 J2 的倾角 65°进行放坡处理。

按照锚碇区基底设计标高开挖后,基底微风化基岩出露,基岩强度高,稳定性好,是良好的基础持力层。锚碇区采用下伏微风化的基岩作地基,采用浅基础形式。另外,锚碇区基岩以砂质泥岩为主,基坑开挖后,基岩易风化,导致承载力与摩擦系数降低,因此应及时做好封闭工作。

10)水文地质

沿线气候温暖湿润,雨量充沛,地表径流较发育,有利于雨水排泄。地层岩性及地形地貌决定地下水赋存条件。场区构造条件简单,基岩以泥岩为主夹薄层灰岩,地下水主要赋存在低洼地带的基岩裂隙和松散土层中,为第四系松散堆积层孔隙水和基岩裂隙水。

①第四系松散层孔隙水主要分布在长江两岸的岸坡地带和线路其他地段原始地貌中的沟槽地带,主要受大气降水和长江江水的补给、水量及水位受季节和气候影响显著。水质成分由含水介质的性质决定。

②基岩裂隙水包括风化裂隙水和构造裂隙水。风化裂隙水分布在浅表层基岩强风化带中,为局部上层滞水或小区域潜水,水量小,受季节性影响大,各含水层自成补给、径流、排泄系统。构造裂隙水以层间裂隙水或脉状裂隙水形式储存,水量大小与裂隙延伸性、裂隙宽度等因素密切相关,水量变化大,动态不稳定,其补给源多为大气降水和江、河等地表水体。

根据水质分析成果,地下水对混凝土结构有微腐蚀性。

11)长江防洪

桥址河段左岸陡峻,而右岸边滩发育,一般宽度在 250 m 左右,滩面高 2~4 m。当河道流量超过 10 000 m³/s 时,边滩开始被淹没。百年一遇条件下,桥墩侵占过水面积百分比最大不超过 2%。工程的兴建对该河段防洪无明显不利影响。

12)地震

据有关历史地震记载和近期地震观测资料,1989 年 11 月 20 日,距重庆 40 多千米的渝北区统景镇(北纬 29°51′,东经 106°57′)发生 5.2~5.4 级地震,震中烈度为Ⅳ度,是重庆地区有地震记载以来震中距重庆最近、震级最强的首次破坏性地震。以前重庆及邻区的地震震级皆小,地震烈度小于Ⅵ度,属地震频率高、震级小的弱震区。

抗震设防标准:E1 地震作用下(100 年超越概率 10%)的水平地震动峰值加速度 $A_{max} = 0.079g$;E2 地震作用下(100 年超越概率 3%)的水平地震动峰值加速度 $A_{max} = 0.122g$。设计基本地震加速度值为 $0.05g$,地震动反应谱特征周期为 $0.25~0.45$ s,场地类别为Ⅰ~Ⅱ类。

13)取水口保护

北岸下游约 340 m 处有东渝自来水厂取水口,涉及水质公共安全的环保措施及安全要求。中煤国际工程集团重庆设计研究院进行了专门的分析研究,提出了详细的研究报告。大桥施工及运营过程中的环保措施按照该研究报告执行。

14)桥位与路网的关系

大桥横跨长江,其行政区划分属重庆市南岸区和江北区。项目所在区(南岸)分

布着内环高速公路、三横线(朝天门长江大桥至黄桷湾段)和低等级弹广路和弹白路;
北岸分布着渝长高速公路、海尔路和港城工业园区道路。南北两岸道路交通主要通过
大佛寺长江大桥相连,该大桥交通压力较大。

通过重庆寸滩长江大桥及南引道的建设,在建的三横线(黄桷湾至迎龙镇段)、规
划腾龙大道、二横线、一横线纵向相连,并与内环高速公路、渝长高速公路贯通,形成东
至鱼嘴、茶园、长生组团,西至沙坪坝大学城组团,北至江北机场、两路组团,南至界石、
南泉组团的城市快速交通网络。

1.1.3　技术标准及规模

1)技术标准

大桥技术标准如下:

①道路等级:城市快速路;

②行车道数:双向八车道;

③设计行车速度:80 km/h;

④设计荷载:参照公路-Ⅰ级;

⑤车行道宽度:2×(2×3.75 m+2×3.5 m);

⑥中央分隔带宽度:2.0 m;

⑦人行道宽度:2.0 m;

⑧桥面宽度:桥梁整幅标准宽度为 38.0 m,分幅标准宽度为 18.5 m;

⑨桥面横坡:2.0%;

⑩最大纵坡:1.5%;

⑪跨江大桥设计洪水频率及水位:1/300、198.40 m;

⑫通航标准:内河Ⅰ-(2)级航道;

⑬通航水位:设计最高通航水位为 193.72 m,设计最低通航水位 156.67 m。

⑭设计风速:在运营阶段,设计基本风速为 $V_{10}=27.5$ m/s;在施工阶段,设计基本
风速为 $V_{10}=23.1$ m/s。

⑮抗震设防标准:E1 地震作用下(100 年超越概率 10%)的水平地震动峰值加速度
为 $0.079g$;E2 地震作用下(100 年超越概率 3%)的水平地震动峰值加速度为 $0.122g$。

⑯设计基准期:100 年;

⑰设计安全等级:一级;

⑱设计环境类别:Ⅰ类。

2)工程规模

大桥全长 1.6 km,其中跨江主桥长 880 m,南北两岸引桥长 720 m。从南向北依
次为:第一联引桥(40+3×50+40)m=230 m、第二联引桥 4×60 m=240 m、跨江主桥
880 m、第三联引桥(52.5+52.5+85+50)m=240 m,桥台搭板为 10 m。大桥立面布置
如图 1.6 所示。

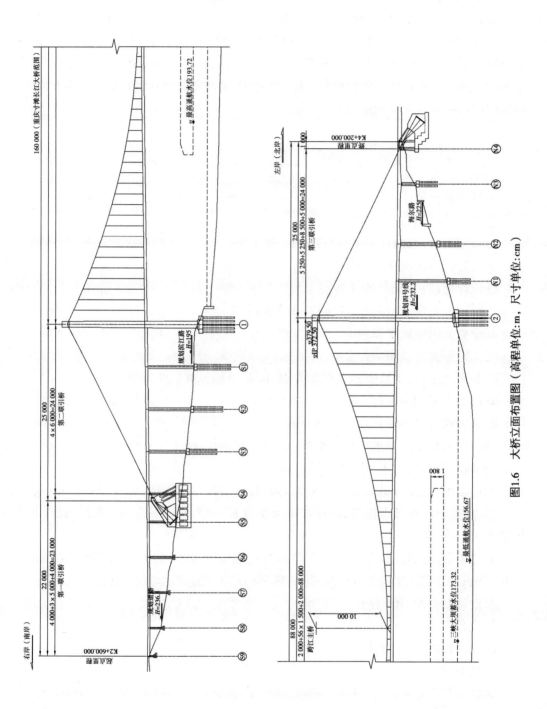

图1.6 大桥立面布置图（高程单位:m，尺寸单位:cm）

1.2　技术特点及创新

1.2.1　主要技术特点

大桥采用多项新结构、新材料、新技术、新工艺,结合地形地貌和当地文化特点,因地制宜布置设计主墩位、孔跨、锚碇和加劲梁等,将传统建筑元素和地域文化引入桥梁设计,对缆索防护体系进行创新设计等。

大桥主要技术特点包括适应航运河道一跨过江的主墩位布置,适应山区地形与景观要求的总体布置,受力合理、融合传统地域文化的牌楼塔,蕴涵地方文化特色的安全设施,等强度设计的正交异性桥面加劲梁及不锈钢 U 形泄水槽,主被动防护相结合的耐久性设计,考虑有限开挖和护坡稳定的重力式锚碇设计。

1.2.2　技术创新成果

①合理布置跨度和墩位,解决水中施工、船撞风险、山体大开挖等问题,降低工程造价与施工风险,减小运营维护成本,并体现绿色建造理念。在项目前期研究阶段,大桥主跨为 830 m,南岸主塔墩位于水中。后经适当优化,大桥主跨调整为 880 m,将南岸主塔墩放置于岸上,北岸主塔墩也适当向岸侧移动,避免水中基础施工,总造价有一定节省,且避免了船撞风险,减小运营维护成本;大桥两岸为山体,采用相对较小的主缆边中跨比,减小锚碇侵入山体的范围和锚碇施工对山体的开挖量。

②大桥主塔采用巴文化风格的门式牌楼塔,解决桥梁建筑地域特色与结构受力和谐统一的问题。大跨度悬索桥主塔由于结构受力的需要,往往做成简单的门式框架,景观上较为单调。本桥采用巴文化风格的牌楼式主塔,既传承了经典建筑和地域文化特色,又满足桥梁的受力要求,将建筑景观与结构受力很好地结合在一起。

③大小车道加劲梁桥面板采用不同厚度组合,泄水槽表面贴不锈钢板,解决大小车道桥面板应力差别较大与泄水槽易锈蚀的问题。大车道车辆质量大,桥面板厚度大一些,小车道车辆质量小,桥面板厚度小一些,减小应力差别。

④采用主动与被动相结合等创新形式的防护设计,解决耐久性较差的问题。主缆、鞍室、锚室、钢箱梁等除自身涂装的被动防护外,均设置除湿系统的主动防护;主缆通长的防护涂层均创新增加了一层玻璃布,进一步增加密封涂层的强度;主缆锚固系统创新采用超低模量高伸长率聚硫防腐密封胶涂覆锚杆,同时起到防腐与隔离的作用;主桥跨中设置柔性斜扣索,提高短吊索抗疲劳弯折的性能,增强吊索的耐久性。

⑤采用合适的锚碇设计形式与合理的锚碇开挖边坡及防护设计,解决锚碇受建筑物影响限制与开挖量大等问题。北锚周边邻近有高楼建筑,根据地质与地形等条件,北锚设计为埋置式重力锚,并兼顾桥台作用;南北锚开挖均设计为相对较陡的开挖边坡,并设置适当边坡防护措施,解决锚碇受建筑物影响限制与缓坡开挖量大等问题,降

低工程造价,并有利于环境保护。

1.3 景观设计及文化创新

1.3.1 景观设计

重庆寸滩长江大桥作为重庆两江新区的重要过江通道,本着"一桥一景"的指导思想,景观设计应突出强调桥梁的个性特征,优化桥梁视觉效果,突出桥梁文化内涵的表达,充分体现桥梁的空间属性与美学属性(图1.7)。

图1.7 重庆寸滩长江大桥和谐的"一桥一景"

长江迂回曲折、自西向东,穿过繁华热闹的重庆市区,就是朝天门码头,再往东三公里远,就到了寸滩。顾名思义,寸滩就是长江岸边的"一寸滩"。别小看这寸滩之地,它背靠重庆江北机场,直通渝邻、内环、机场3条高速公路,连接重庆北站及渝怀铁路,坐拥长江黄金口岸。寸滩为重庆赢得了全国首个"内陆保税港区"和首个"水港+空港"保税港区,重庆两路寸滩保税港区充分发挥了出口加工、国际贸易、保税仓储商品展示等功能,成为重庆与国际市场接轨的"门户"。重庆有了这个"门户",将汇聚人气,聚集经济发展要素,加大对外交流开放力度,为中国西部打开更广阔的天地。

无论是从水道进出重庆,还是从重庆江北机场飞往世界各地,都要经过重庆寸滩长江大桥这座"城市之门"。一个建筑中的门总是最先引人注目的,"城市之门"同样也是城市形象的首张名片(图1.8)。寸滩的地理位置形成了重庆城市出入口的"区位"优势,也借此展现了重庆的地域文化、人文特色。

悬索桥是空间形象最优美的桥型,气势宏伟。重庆寸滩长江大桥主桥为880 m跨度悬索桥,其高耸的主塔、柔美的主缆、轻巧的主梁具有很强的力动感与跨越感,构成

图 1.8　重庆寸滩长江大桥的"城市之门"

宏伟壮观的景观形象。悬索桥桥塔高耸,缆索下悬,凭虚飞渡,高下起伏,气韵生动,梁、塔、缆索简洁的几何构图及柔性曲线与刚劲直线的结合,使桥型清晰、动态分明,充分展现了力线明快、简洁流畅、功能与形式统一的优美形态(图 1.9)。

图 1.9　重庆寸滩长江大桥的刚与柔

1.3.2　桥梁文化创新成果

重庆市简称"渝",市区坐落在长江与嘉陵江交汇处,四面环山,江水环绕,城市傍水依山,层叠而上,既以山城著称,又以桥都扬名。重庆市是一座具有深厚文化底蕴的千年古城。在这种浓郁的整体历史文化氛围中,桥梁的历史文化表达是必不可少的。因此,其桥梁景观设计必须以重庆地方文化为内核,以桥梁景观为延伸,以环境景观为烘托,将文化与桥梁景观设计结合起来,提升桥梁的整体文化品位。

桥梁的美学塑造要考虑整体形象,力求桥梁各构件的组合有机统一。整体性还包括桥体与周边环境的协调问题。一座桥梁的建设,必将对周边环境产生巨大影响。景观设计就是要将这种影响变为积极因素,使桥梁景观有机地融入城市空间环境,形成桥梁与城市的伴生性的复合景观,成为标榜城市或地区独特性、唯一性的象征。

重庆寸滩长江大桥的桥梁文化创新包括门式主塔、塔上中国结、路灯、栏杆、锚碇、引桥墩等造型,景观涂装和夜景照明的处理,以及桥名发光字和桥头桥铭牌的设置等,共同构成了桥梁景观和桥梁文化(图1.10、图1.11)。

图1.10　桥名题字与巴文化符号

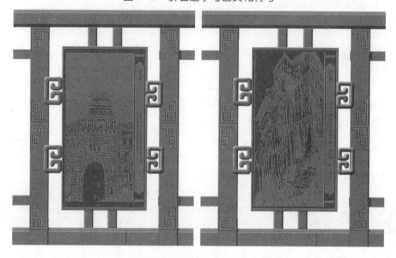

图1.11　人行道栏杆景观与文化造型

第 2 章
建设方案研究

2.1 线路方案比选

从路网骨架可以看出,机场路、渝邻高速公路、机场专用快速路 3 条通道都是南北走向,都能为机场提供服务。由于机场路分担城市道路的功能逐年增加,不能作为今后服务重庆江北机场的主通道,因此在线位方案研究中,重点对拓宽渝邻高速公路、新建机场专用快速路进行了比选。

2.1.1 拓宽渝邻高速公路

渝邻高速公路从黑石子至机场段全长 6.3 km,包括隧道 2 座、大桥 5 座。该道路通过工程措施具备拓宽的可行性,但由于沿线地形起伏较大,拓宽改造至双向十个车道需要修建大量的挡墙、桥梁、隧道等构筑物,工程造价高。

渝邻高速公路拓宽及现状如图 2.1、图 2.2 所示。

1)渝邻高速公路北面接线(南联络线)方案分析

如采用拓宽渝邻高速公路方案,则拓宽后的渝邻高速公路不仅要承担重庆主城区至西安方向的对外主通道功能,还要承担机场交通集散的主通道功能。同时,结合重庆江北机场 3 个航站楼的布局,还必须配套建设南联络线将渝邻高速公路与 T3 航站楼和 T1、T2 航站楼相连,才能满足机场车辆进出的需要(图 2.3)。

2)渝邻高速公路南面接线方案分析

交通调查数据均表明,南北向交通一直是重庆主城区交通的主流向,南北向干道现状都已基本达到饱和,未来以上通道交通压力将会更大。

如果渝邻高速公路拓宽后不新建向南的跨江通道,则机场大量的南向进出车流必须通过渝长高速公路和东环立交或新建一个通道从黑石子立交至五童立交来组织(图 2.4)。前者会给渝长高速公路和东环立交带来巨大压力,同时二者均无法满足需求;而后者的新通道建设将与铁路重庆北站的客技站、车辆整备所以及轨道四号线和海尔路等产生大量矛盾,很难实施,同时大量交通流量从五童立交引入后,将对五童路—黄花园大桥一线,以及江北 CBD 地区造成很大影响,周边道路难以承担疏解任

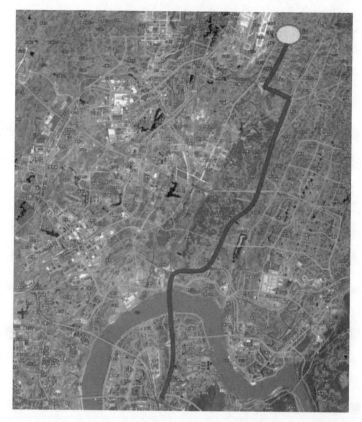

图2.1 拓宽渝邻高速公路示意图

图2.2 渝邻高速公路现状

务,同时对机场进出车流的高效性和准时性无法保证。

图 2.3　北面接线（南联络线）示意图　　　　图 2.4　渝长高速公路与东环立交示意图

因此,如将渝邻高速公路作为机场主通道,则其南侧接线必须跨过长江接入内环线,使机场与该地区的交通联系不必通过中心城区或朝天门长江大桥和大佛寺长江大桥,从而减轻中心城区的内部交通压力。

2.1.2　新建机场专用快速路

采用新建机场专用快速路方案,建设南联络线将机场专用快速路与 T3 航站楼和 T1、T2 航站楼相连;同时,南面跨长江接入内环线(图 2.5)。根据相关资料,重庆寸滩长江大桥已预留在美心洋人街下游上跨长江,于寸滩保税港区下游上跨海尔路,经港城工业园上跨渝长高速公路。

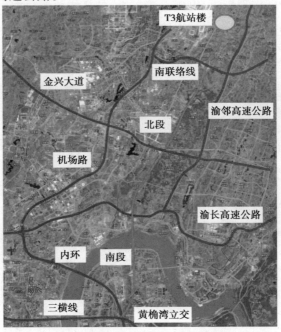

图 2.5　新建机场专用快速路示意图

2.1.3　方案比较

渝邻高速公路是重庆通往邻水、广安、达州以及西安等方向的对外运输主通道,随着重庆—西安高速公路的全线贯通,其对外交通流量将大幅度增加;同时,渝邻高速公路还有可能成为机场货运及机场与寸滩保税区之间的货运主通道,其货运需求量较大。因此,如将渝邻高速公路拓宽改造为重庆江北机场的进出主通道,则其将在承担对外交通功能、货运交通功能的基础上,再承担大量的进出机场的车流交通,其通行能力、运行效率和交通结构的安全性将大打折扣,对机场交通的"快速、安全、准点"的特殊交通要求将无法保证。

经分析,拓宽渝邻高速公路方案全长共 14.2 km,其中新建 7.9 km、改造 6.3 km,建设工程费用约 40 亿元。如果新建一条机场专用快速路,可以将城市对外交通功能、货运交通功能以及进出机场的车流交通有效分离,高标准地满足机场交通集散需求。新建机场专用快速路双向八车道,长约 14 km,建设工程费用约 44 亿元。

由于拓宽渝邻高速公路和新建机场专用快速公路两者的工程造价相差不大,最终确定新建一条机场专用快速路作为进出机场主通道的方案,同时,同步建设重庆寸滩长江大桥接入内环线,构成一条完整的南北大通道。

2.1.4　桥位比选

从大桥两岸接线、道路功能、城市规划、河流走向等方面综合考虑,进行了两个桥位比选,一是通过黑石子立交—渝长高速公路一段—跑马坪立交—跨越长江,再接入内环线,即图 2.6 中的规划桥位,也称上桥位;二是直接从黑石子立交向南跨长江接内环线,即图 2.6 中的比选桥位,也称下桥位。前者的桥位和立交均有规划控制,建设难度小,且两端均已开始实施;后者的桥位和接线以往均无规划控制,与周边建设用地矛盾大。

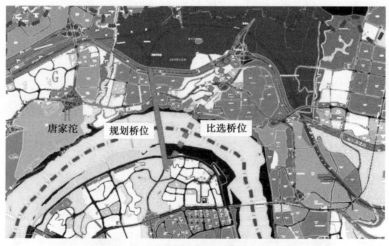

图 2.6　重庆寸滩长江大桥桥位比选图

上桥位(规划桥位)位于重庆寸滩港区下游 1.3 km,上距朝天门约 7.7 km,距宜昌航道里程 652.1 km;下桥位(比选桥位)右岸与上桥位重合,左岸位于港城工业园码头,距宜昌航道里程 651.6 km。

下桥位方案穿越港城工业园码头及其货场,大桥建设对码头及其作业区、堆场影响大。上桥位方案无此问题,上桥位方案优于下桥位方案。

根据通航相关规定,桥轴线法线方向与水流流向的夹角不宜超过 5°。上桥位方案与河道基本正交,桥轴线法向与水流流向夹角一般为 1°~7°,略超过 5°;下桥位方案与河道明显斜交,桥轴线法向与水流流向夹角超过 25°。从桥轴线法向与水流流向夹角的角度分析,上桥位方案明显优于下桥位方案。

综上所述,最终选定上桥位(规划桥位)作为大桥的建设桥位。

2.1.5 大桥及两岸接线平面设计

新建机场专用快速路工程南段接黄桷湾立交,北段接跑马坪立交。重庆寸滩长江大桥北段接跑马坪立交处为一半径为 4 000 m 的圆曲线,综合考虑线路走向、桥梁规模与长度、悬索桥主缆、桥梁结构布置等各方面的因素,圆曲线进入大桥北引桥范围 55 m,以此为切点做切线确定大桥的桥位,大桥其余部分在直线上,南段接腾龙立交(图 2.7)。

2.2 桥型方案比选

2.2.1 合理确定主跨布置

1)考虑因素

桥式方案的孔跨布置不仅要满足行车安全、稳定、舒适性的要求,还必须满足水利、防洪、航运等诸多方面的要求。处于主河槽通航区域主桥的孔跨布置,重点需放在适应航道的变化上,同时考虑船舶的习惯航线并兼顾河道形态、主河槽深泓位置等因素。

①桥位上、下游安全距离范围内均有港口、码头,即位于重庆寸滩港区下游 1.2 km、上游 600 m 左岸设有锚地,上游 150 m 左岸设有锚地,上游 1.03 km 右岸有洋人街客运码头;下游 450 m 左岸为港城工业园码头,下游 1.1 km 右岸为白沙沱锚地。受三峡水库回水影响期间,洋人街一带也作为寸滩港区锚地使用。

②桥位河段上起大佛寺长江大桥,下至铜田坝,是一个接近 90°的弯道,大桥位于弯道顶点上游约 0.7 km。该河段河槽宽浅,深槽由大佛寺长江大桥处的河心偏右逐渐过渡至紧贴左岸,然后基本沿左岸下。在大佛寺长江大桥桥位附近,受左岸石梁控制,主流基本从河心下,其后河道开始逐渐向右转弯,主流逐渐偏离河心,过渡至左岸寸滩集装箱码头区前沿,主流顶冲点随着流量的增加而逐渐上移,弯道水流特性较为明显。尤其在桥位附近左岸的黄桷滩为重庆港的重点浅槽之一。在洪水期,弯道水流流速较大,流向变化快。

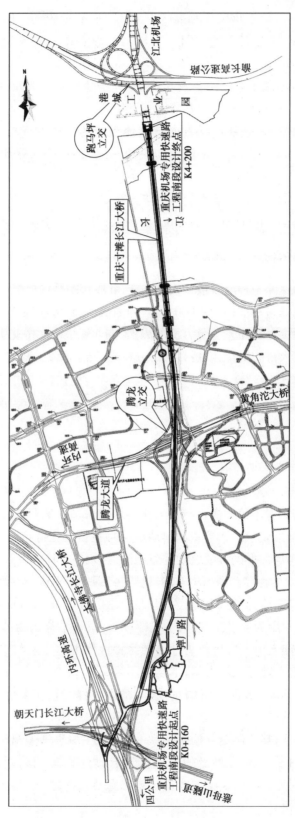

图2.7 重庆寸滩长江大桥及两岸接线平面示意图

③桥位上游约400 m处有寸滩水文站,两者相距较近。为减小工程建设对寸滩水文站的影响,大桥宜采用大跨度过江。

④桥位北岸下游约340 m处有东渝自来水厂取水口,两者相距较近。主塔承台宜尽量设置在较高位置,以减小塔墩施工对自来水厂取水口的影响。

2)项目建议书方案

项目建议书中提出了悬索桥与斜拉桥两个方案,主孔跨度均为830 m,南岸主墩位于水中,北岸主墩位于岸边的浅滩上,地面高程为175 m左右。

方案1:主桥为悬索桥,跨径布置为(10×46+830+5×46)m=1 520 m,主桥采用主跨830 m的钢箱梁悬索桥,引桥采用预应力混凝土连续梁,如图2.8所示。

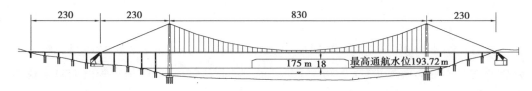

图2.8 方案1:悬索桥立面布置图(单位:m)

方案2:主桥为斜拉桥,跨径布置为(4×40+300+830+300)m=1 590 m,主桥采用主跨830 m的双塔双索面钢梁斜拉桥,引桥采用预应力混凝土连续梁,如图2.9所示。

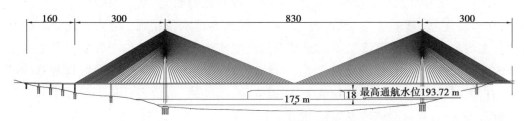

图2.9 方案2:斜拉桥立面布置图(单位:m)

针对830 m的主孔跨度,《通航净空尺度和技术要求论证研究报告(中间成果)》中提出了以下问题与建议:

①考虑到桥区河段受弯道及河床地形条件的影响,水流条件较为复杂,而该河段航运发达,过往船舶流量大,为防止事故或失控船舶撞击桥墩,设计单位应引起高度重视,采取切实有效的措施(大桥主墩的防撞设施须按5 000 t级单船设防),以确保大桥安全。

②为尽量减小建桥对通航的影响,下阶段设计考虑将大桥右岸(南岸)主墩嵌入南滨路,可同时解决桥墩的防撞问题,并有利于岸线的利用。

3)主桥孔跨确定

按照《内河通航标准》(GB 50139—2004)第5.1.2条第4款,当采取工程措施不能满足通航条件时,应加大水上过河建筑物跨度或采取一孔跨过通航水域,并考虑尽可能减少建桥后对水文站的影响。因此,主桥孔跨布置在综合考虑上述因素、项目建议书方案、通航论证报告建议及结构经济合理的基础上,最终采用880 m跨度一跨过江。

大桥主跨采用880 m,与项目建议书相比,主塔墩向两侧移动,其中左岸(北岸)主塔墩向岸侧移动约17 m,地面高程约180 m,右岸(南岸)主塔墩向岸侧移动约33 m,嵌入南滨路。这样可解决桥墩的防撞问题,并有利于岸线的利用,而且南岸主塔基础可在陆地施工,节省造价,加快工期。

大桥主跨为880 m,考虑线形协调、受力合理,主缆边缆跨度采用250 m。主桥立面布置如图2.10所示。

2.2.2 主桥桥型方案研究比选

1)悬索桥方案

悬索桥方案跨越能力强,线形流畅,景观效果好。目前,世界上已建成最大跨度的悬索桥为日本明石海峡大桥,主跨为1 991 m。目前,国内建成的最大跨度的悬索桥为武汉杨泗港大桥,主跨为1 700 m;最大跨度的三塔两主跨悬索桥为泰州长江大桥、马鞍山长江大桥,主跨均为2×1 080 m;最大跨度的钢-混叠合梁悬索桥为武汉鹦鹉洲长江大桥,该桥也是三塔悬索桥,主跨为2×850 m。

结合重庆寸滩长江大桥两岸地形、主墩位置及孔跨布置,两主塔墩位于岸边滩地上,地面高程为175 m左右,此高程与三峡大坝最高蓄水位相同。悬索桥南北主缆背缆跨度均为240 m(无吊索),南锚碇位于岸边的空地上,北锚碇位于海尔路与港城工业园区之间的空地上,锚碇位置合适。桥址处地质条件较好,基岩埋置浅,锚碇基础可采用扩大基础,且均为岸上开挖施工,施工方便,工期短,造价省。从工程技术与经济性方面考虑,此处适合修建悬索桥(图2.11)。

重庆寸滩长江大桥上游3 km处为大佛寺长江大桥,该桥为斜拉桥;上游5.5 km处为朝天门长江大桥,该桥为拱桥,如图2.12所示。从景观方面考虑,重庆寸滩长江大桥也适合采用悬索桥方案,可做到"一桥一景"。

对于悬索桥方案,主梁断面和桥塔造型以及锚碇形式的选择是设计关键,结合结构受力、桥梁美观以及抗风、抗震稳定性要求,对悬索桥方案的主梁断面形式、桥塔造型、引桥墩身造型,以及锚碇形式进行研究。

(1)主梁断面形式

大跨悬索桥主梁断面形式主要有钢箱梁、钢桁梁、钢-混叠合梁3种,钢桁梁景观效果稍差,比较适用于公铁两用或山区峡谷桥梁中,本桥址处不太适合。因此,只对钢箱梁、钢-混叠合梁两种梁型进行了研究、比较。

①钢箱梁。目前,钢箱梁在大跨斜拉桥、悬索桥中应用较多,其主要优点为:节段完全在工厂制造,现场吊装、完成节段间连接即可,施工方便,工期较快;采用扁平流线型断面,运营阶段抗风稳定性较好。

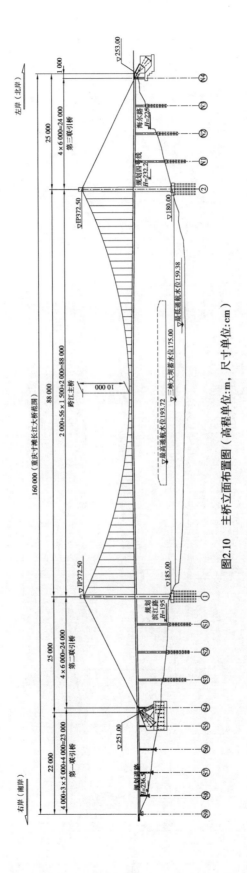

图2.10　主桥立面布置图（高程单位：m，尺寸单位：cm）

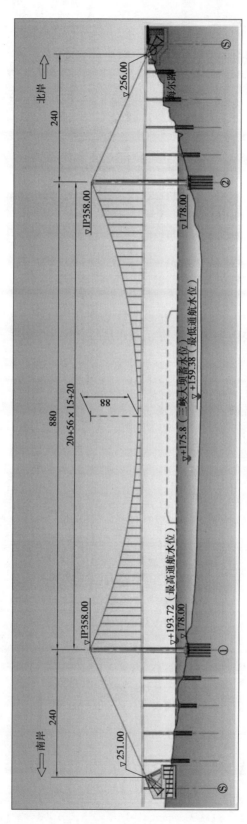

图2.11 悬索桥方案桥式立面布置图（单位：m）

图 2.12　重庆寸滩长江大桥与朝天门长江大桥、大佛寺长江大桥的位置关系

钢箱梁的主要缺点为:桥面铺装的耐久性较差,即使采用目前最好的环氧沥青混凝土铺装,但由于环氧沥青混凝土铺装对原材料及施工条件要求极为苛刻,目前很难达到要求,因而钢箱梁桥面铺装耐久性难以达到预期效果。国内几座采用环氧沥青混凝土铺装的大跨钢箱梁桥梁,由于桥面铺装耐久性较差,反复维修了多次,效果不理想,带来了不良的社会影响。不仅如此,由于车流量增大、超载车辆增多,桥面铺装问题还给主结构带来不利影响,这导致钢箱梁开裂。

近年来,国内几座刚运营通车的钢箱梁大桥,桥面铺装或多或少都存在一定问题,影响了正常运营,且养护成本高,做钢箱梁桥面铺装是目前公认的难题。

②钢-混叠合梁。目前,国内钢-混叠合梁在大跨斜拉桥中应用较多,主要有福建青州闽江大桥、武汉二七长江大桥等。其主要优点为:开口钢梁工厂制造工艺成熟,现场连接全部采用栓接,施工方便,质量可靠;叠合梁自重大,结构体系具有较大的重力刚度,有利于提高全桥结构刚度和行车的平稳性。此外,由于桥面板为混凝土结构,与沥青混凝土铺装结合可靠,铺装施工技术成熟,从根本上克服了桥面铺装耐久性较差的问题。

其主要缺点为:叠合梁钢主梁节段在工厂制造,现场吊装,混凝土板现场预制、吊装,工序相对较多,工期略长;由于主梁采用开口截面,抗风稳定性相比差一点。从目前国内采用叠合梁的主跨为 2×850 m 的武汉鹦鹉洲长江大桥来看,由于混凝土板自重大,城市风荷载较小,抗风稳定性也可满足要求。

③悬索桥方案主梁综合比选如表 2.1 所示。

表 2.1　悬索桥方案主梁综合比选

方案	钢-混叠合梁悬索桥方案	钢箱梁悬索桥方案
桥跨布置	(240+880+240) m	(240+880+240) m
技术难度	具有一定的经验	技术成熟

续表

方案	钢-混叠合梁悬索桥方案	钢箱梁悬索桥方案
施工方法与施工风险	叠合梁采用缆载吊机分节段吊装,现场浇筑混凝土板湿接缝,施工风险较小	钢箱梁采用缆载吊机分节段吊装,现场焊接环缝,施工风险较小
施工速度	杆件分散制造速度较快,安装时较慢,施工速度比钢箱梁方案稍慢	钢箱梁工厂制造速度较慢,拼装施工速度较快
工期	38 个月	36 个月
对环境影响	对环境影响小	对环境影响小
行车舒适性	结构刚度较大	结构刚度满足规范要求
后期维护工作量	混凝土桥面铺装耐久性好,维护工作量小,维护成本低	钢梁外侧采用涂装防护,钢箱内采用抽湿,后期维护工作量较大;沥青桥面造价高,浇筑式铺装方案应用成熟
总建筑安装费	10.44 亿元	10.41 亿元
经济性	后期维护经济性较好	后期维护经济性较差
综合比较	两种方案技术上均可行,钢-混叠合梁方案桥面铺装耐久性好,后期维护成本较低;钢箱梁方案施工工期稍短,技术成熟,最终采用钢箱梁方案	

通过以上综合比较,钢-混叠合梁与钢箱梁均是可行的;钢-混叠合梁方案造价与钢箱梁方案相差很小,从技术成熟性、施工工期考虑,钢箱梁方案优势更明显,最终采用钢箱梁方案。

（2）桥塔造型

主塔采用门式混凝土框架结构,结合景观创意,注重对主塔的景观造型及细节处理。

（3）引桥墩身造型

引桥墩身较高,综合考虑结构受力及与主桥衔接搭配等因素,采用板式墩,并对墩顶细部进行处理,使全桥整体景观更为协调。

（4）基础及锚碇形式

根据桥位地基工程地质条件,主桥主塔基础采用钻孔灌注嵌岩桩,以微风化砂质泥岩或泥质砂岩作持力层。结合两岸锚碇地形、地质情况,锚碇采用明挖扩大基础,施工便捷、安全可靠。

2）斜拉桥方案

近年来,斜拉桥技术得到飞速发展,目前已建成和在建的斜拉桥,跨度从几十米到超过 1 000 m,主梁、主塔和斜拉索的造型丰富多彩,斜拉桥已成为现代桥梁的主流桥式之一。从国内外已建成的斜拉桥看,本桥采用主跨 880 m 的斜拉桥方案,在技术上也是可行的（图 2.13）。

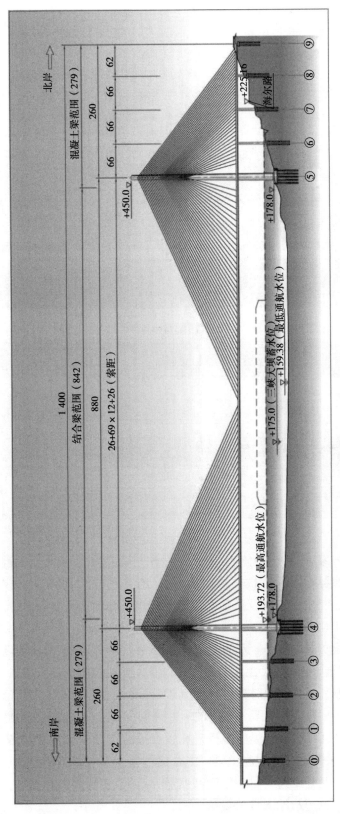

图2.13　斜拉桥方案桥式立面布置图（单位：m）

本桥距离上游的大佛寺长江大桥只有3 km,若采用斜拉桥方案,桥型上将与大佛寺长江大桥一致。本桥两主塔位于岸边,两边跨位于岸上,边跨斜拉索上岸,景观效果较差(图2.14、图2.15)。

图2.14 斜拉桥方案夜景效果图

图2.15 斜拉桥方案立面效果图

对于斜拉桥方案,桥梁结构体系、主梁断面和桥塔造型的选择是关键。下面结合结构受力、桥梁美观以及抗风、抗震稳定性要求,对主桥结构体系、主梁断面形式、桥塔、边墩及辅助墩造型、拉索以及拉索锚固形式等进行分析研究。

(1)主桥结构体系

综合考虑桥梁美观、施工难易程度及工期、工程造价等因素,对于主跨880 m的超大跨度斜拉桥,钢箱梁斜拉桥、叠合梁斜拉桥和混合梁斜拉桥均是可以考虑的。

结合重庆寸滩长江大桥总体线路平立面设计、河床纵断面布置以及沿线地形控制条件,在长江北岸,根据主墩孔跨布置,北岸边跨长度不超过260 m,边跨与主跨比值较小(不超过0.3),因此,混合梁斜拉桥是比较合适的选择,即在中孔大跨全部或部分采用钢主梁,两侧采用预应力混凝土梁。混合梁体系主要有以下优点:

①加大了边跨及辅助跨主梁的刚度和质量,减少了主跨内力和变形;

②可减少或避免边跨端支点出现负反力;

③边跨 PC 梁容易架设施工,主跨钢梁也可较容易地从主塔开始用悬伸法连续架设;

④减少全桥钢梁长度,节约工程总造价。

综合以上优点,拟定了桥跨布置为 260 m+880 m+260 m 的双塔双索面混合梁斜拉桥方案,全长 1 400 m,其中又将 260 m 边跨分为 3×66 m+62 m 4 个小跨。混合梁的分界点设在主跨距主塔中心线 19 m 处,主跨其余 842 m 长度为钢-混叠合梁或钢箱梁,边跨及辅助跨为预应力混凝土箱梁。

(2)主梁断面形式

综合考虑桥梁美观、横向抗风(扭)性能、施工难易程度、工程造价等因素,主梁断面推荐采用具有流线造型的扁平形截面:边跨及辅助跨采用分离式双箱单室组合截面,预应力混凝土结构;中跨可采用钢箱梁或钢-混叠合梁。对两种方案进行综合比较,结果如表 2.2 所示。

表 2.2　斜拉桥方案钢箱梁和钢-混叠合梁综合比选

方案	钢-混叠合梁斜拉桥方案	钢箱梁斜拉桥方案
桥跨布置	(260+880+260)m	(260+880+260)m
技术难度	具有成熟的经验,技术难度小	钢箱梁斜拉桥技术成熟
施工方法与风险	钢梁段采用吊机吊装拼接,现场焊接钢主梁环缝,浇筑混凝土板湿接缝,施工风险小	钢箱梁采用施工吊机整体吊装拼接,现场焊接环缝,施工风险较小
施工速度	杆件分散制造速度较快,安装时较慢,施工速度比钢箱梁方案稍慢	钢箱梁工厂制造速度较慢,拼装施工速度较快
工期	42 个月	40 个月
对环境影响	对环境影响小	对环境影响小
行车舒适性	结构刚度较大、行车舒适性较好	结构刚度满足规范要求
后期维护工作量	钢梁部分需维护,混凝土桥面铺装耐久性好,维护工作量小,维护成本低	钢梁部分需维护,沥青桥面造价高,养护及维修工作量大,维护成本高,耐久性差
建筑安装费	10.09 亿元	10.07 亿元
经济性	后期维护经济性较好	后期维护经济性较差
综合比较	两种方案技术上均可行,且造价相差不大,钢-混叠合梁方案桥面铺装耐久性好,结构刚度较大,后期维护成本较低;钢箱梁方案施工工期稍短,后期维护成本较高,因此采用钢箱叠合梁方案	

（3）桥塔

主塔方案主要在倒 Y 形、钻石形、花瓶形和 A 字形索塔间进行选择，其中 A 字形、倒 Y 形索塔的抗风稳定性最好，钻石形次之，花瓶形比钻石形稍差，考虑到本桥属超大跨度桥梁，桥面宽且塔柱高（总高超过 270 m，其中下塔柱高度超过 60 m），采用挺拔俊美、整体稳定性较好的 A 字形塔。

（4）斜拉索

目前，大跨度斜拉桥多采用平行钢丝斜拉索和平行钢绞线斜拉索。两种拉索比较如图 2.16、图 2.17、表 2.3 所示。

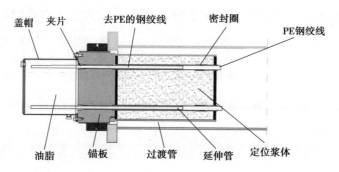

图 2.16　钢绞线斜拉索构造

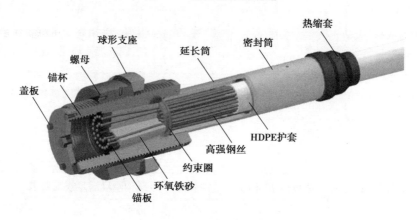

图 2.17　平行钢丝斜拉索构造

表 2.3　斜拉索比较

比较项目	平行钢丝斜拉索	钢绞线斜拉索
技术成熟性	技术成熟	技术成熟
阻尼减振系统	需特殊设计，不是成套产品	有成套产品可以选择
对结构抗风的影响	拉索风阻面积小，风荷载相对较小	拉索风阻面积大，风荷载相对较大，很多情况可能控制结构设计，对抗风要求高的结构慎用

比较项目	平行钢丝斜拉索	钢绞线斜拉索
刚度	刚度大,强度相对较低,非线性影响相对较大	刚度大,强度相对较高,非线性影响相对较小
拉索锚	采用冷铸锚,锚固性能可靠	采用夹片式群锚,需注意夹片锚的疲劳强度,防止低应力下夹片松脱
抗疲劳性能	好	好
防护	镀锌钢丝+热挤高密度聚氯乙烯,拉索防护性好	环氧涂层钢绞线+HDPE+高密度聚氯乙烯外护套管,拉索防护性好
拉索直径	略小	略大
运输、起吊及施工要求	①需较大盘圈运输(直径不小于4 m),最大型号拉索质量约20 t,起重设备要求高,可以考虑水运;②整根一次安装和张拉;③需要大型设备和重型千斤顶;④顺桥向张拉空间要求大;⑤施工难度大,但可以解决;⑥施工周期较短;⑦锚垫板相对较小,对锚具布置空间要求相对小	①需较小盘圈运输,起重设备要求低,安装容易,水运、陆地运输均可;②可以逐根安装和张拉;③采用轻型设备即可完成;④顺桥向要求的张拉空间较小;⑤现场工序较多;⑥施工周期相对较长;⑦锚垫板相对较大,对锚具布置空间要求相对大
替换	需大型设备,对桥梁交通影响大	只需轻型设备,可逐根进行钢绞线换索,对桥面交通影响小
质量控制	工厂完成,质量控制好	零部件在工厂制作,工地组装,钢绞线下料长度易控制
养护	不需要也不能检查;整根换索,对交通影响大	需要也可以检查;更换容易,对交通影响很小
造价	低	略高
工程实例	杨浦大桥、铜陵长江公路大桥、南京长江第二大桥、钱塘江三桥等	福建青州闽江大桥、重庆马桑溪长江大桥、夷陵长江大桥、汕头礐石大桥等

　　综上所述,平行钢丝斜拉索和钢绞线斜拉索各有优缺点,考虑到本桥最长拉索长度超过 470 m,单根索最大质量超过 40 t,若采用平行钢丝斜拉索,制造、运输、安装及后期运营阶段更换均存在较大困难,因此采用钢绞线斜拉索。

　　(5)拉索锚固形式

　　①斜拉索在钢箱梁处的锚固方式。本桥采用锚拉板形式(图 2.18)。锚拉板焊接

于钢主梁顶面,分上、中、下 3 个部分,上部锚拉板的两侧焊于锚管外侧,下部直接用焊缝与主梁桥面板焊接,中部除需安装锚具外,还需连接上、下两部分。为补偿开孔部分对锚拉板截面的削弱,以及增强其横向刚度,在板的两侧焊接加劲板。这种锚固方式传力途径明确,构造简单,工地施工作业方便,但在焊接处荷载应力和焊接残余应力集中程度都较大。对于该处细节的应力分析和桥面板焊连部位的抗疲劳性能,还需做进一步的研究、计算与试验。

图 2.18　锚拉板构造

②主塔锚固形式。主塔的拉索锚固段是一个将斜拉索的局部集中力安全、均匀地传递到塔柱的重要受力构造。采取哪种方式锚固,与拉索的布置、拉索的根数和形状、塔形和构造等方面密切相关。根据本桥桥塔的形式及拉索的构造特点,可考虑钢锚箱锚固(图 2.19)、钢锚梁锚固和预应力锚固 3 种锚固方式。

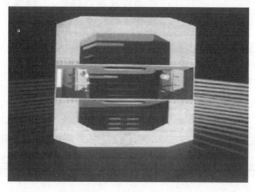
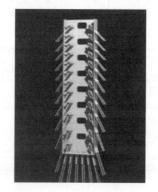

图 2.19　钢箱锚固方式

3 种锚固方式综合比较如表 2.4 所示。

表 2.4　3 种锚固方式比较

种类	钢锚箱锚固	钢锚梁锚固	预应力锚固
受力机理	塔柱两侧拉索的水平分力通过锚箱的竖直及水平钢板来平衡,部分不平衡水平力由塔柱承受,竖直分力通过锚箱两侧竖直钢板的剪力键传递到塔柱混凝土中	锚固钢横梁本身是独立的构件,支撑于塔柱内侧托架上,平衡两侧拉索的大部分水平分力,部分不平衡水平分力通过横梁下支撑的摩阻力和水平限位装置传递至塔壁;拉索的竖直分力传递至塔柱内侧托架	上塔柱锚固区段除参与全桥墩整体受力,将拉索锚固集中力传递至塔壁;为防止开裂,平衡塔柱壁的拉应力,在其周边施加平面预应力
塔柱受力影响	平衡水平力由锚箱承受,不平衡水平力由塔柱整体承受	平衡水平力由锚梁承受,不平衡水平力由一侧塔柱壁承受	水平力由一侧塔柱壁承受
安装精度	钢锚箱在工厂预制完成,容易控制锚固点的位置和角度;现场仅需控制塔柱混凝土基座标高	工厂完成钢锚梁制作,确定锚垫板位置,现场施工对每组托架位置均需精确定位	锚固系统全部在现场完成,由于在高空作业,锚垫板的角度及位置控制较难
施工要求	对吊装能力有一定要求,钢锚箱在浇筑上塔柱前采用焊接拼装,施工较为方便	对吊装能力有一定要求,钢锚梁的安装在塔柱施工完成后,安装不太方便	主要施工难点是需要多次张拉预应力
后期养护	后期养护工作量较大	比钢锚箱锚固方案小	仅锚头需养护
外观影响	对钢结构部分通过涂装来美化塔柱外观	混凝土塔柱可使造型变化丰富	混凝土塔柱可使造型变化丰富
工程实例	多多罗大桥、诺曼底大桥	安娜雪丝桥、南浦大桥	杨浦大桥、南京二桥
费用	较高	较高	较低

综上所述,从结构的合理性、可靠性以及安装精度等综合考虑,采用预应力锚固方式。

(6)边墩及辅助墩造型

边墩及辅助墩墩身高度为 23～63 m,如何选择墩形与主塔及主梁相匹配,对大桥的整体景观有着非常重要的影响。综合考虑墩身受力、桥梁整体景观效果以及施工难度等因素,推荐采用 Y 形板式墩,并对墩身做弧线形修饰处理。放眼望去,犹如一个个张开双臂的巨人,与 A 形主塔交相呼应,共同托举山城重庆的美好明天,做到了与周边人文和自然环境的巧妙融合(图 2.20)。

图 2.20　Y 形板式墩

3）悬吊-斜拉组合体系桥方案

近几年,随着桥梁建设的发展,桥梁跨度越来越大,结合悬索桥、斜拉桥的特点,悬吊-斜拉组合体系桥型不断被提出。这种桥型跨越能力比悬索桥更大,但其受力与构造也比单纯的悬索桥、斜拉桥复杂一些。

一般跨度在 1 500 m 左右时,采用悬吊-斜拉组合体系桥型在经济上有一定优势,跨度达到 2 000 m 时,经济上的优势更加明显。本桥主跨为 880 m,采用单纯的悬索桥或者斜拉桥都能够较为容易地设计出来,经济上也有优势。因此,本桥不适合采用悬吊-斜拉组合体系桥型。

悬索桥方案和斜拉桥方案综合比选如表 2.5 所示。

表 2.5　悬索桥方案与斜拉桥方案综合比选

方案	悬索桥	斜拉桥
主跨	880 m	880 m
建筑安装费	138 731 万元	135 276 万元
与附近桥型的关系	与附近桥型不同,一桥一景	与附近桥型雷同,视觉疲劳
景观效果	边跨不悬吊,景观效果好	边跨斜拉索上岸,景观效果差
施工方法	工序简单,速度快	斜拉索张拉工序较复杂,速度慢
施工工期	40 个月	44 个月

经比较,悬索桥方案与斜拉桥方案建筑安装费相差不到 3 500 万元,最终采用景观效果好、施工周期短的悬索桥方案(图 2.21)。

图 2.21　推荐的悬索桥方案立面效果图

第 3 章

山地城市悬索桥结构设计

3.1 概述

大桥主跨采用 880 m 的钢箱梁单跨悬索桥,主缆分跨为(250+880+250)m,主缆边中跨比为 0.284,两根主缆中心距为 39.2 m。综合考虑大桥景观、结构受力、工程造价等因素,主缆矢跨比采用 1/8.8,桥面以上塔高 117 m。

主塔采用门式框架结构,主塔基础采用分离式承台,单个承台下布置 21 根 ϕ2.0 m 钻孔灌注桩;两岸锚碇均为重力式锚碇,明挖扩大基础;加劲梁采用扁平流线型封闭钢箱梁,总宽 42 m,梁高 3.5 m,总长 878.16 m。

加劲梁两端在两主塔下横梁上下游处分别设置竖向活动支座,在下横梁中心处设置侧向抗风支座,约束竖向及侧向水平位移;纵向设置阻尼器,约束加劲梁在地震等偶然荷载作用下的纵向位移,减缓主梁在日常行车条件下纵向移动的速度。大桥立面布置如图 3.1 所示。

3.2 平纵横设计

3.2.1 平面设计

大桥北端接跑马坪立交,其为半径 4 000 m 的圆曲线,南端为道路桥台。综合考虑线路走向、桥梁规模与长度、悬索桥主缆、桥梁结构布置等因素,大桥北端圆曲线进入北引桥范围 55 m,大桥其余部分均在直线上,全长 1 600 m。大桥平面布置如图 3.2 所示。

3.2.2 纵断面设计

大桥全长 1 600 m,从南岸桥台起点至主跨跨中长 910 m 范围内,采用 1.5% 的纵坡;从主跨跨中向北长 620 m 范围内,采用−1.5% 的纵坡;北岸剩余 70 m,采用 0.5% 的纵坡。跨江主桥设 1.5% 对称人字坡,跨中 300 m 范围位于半径 10 000 m 的凸竖曲线上。大桥纵断面如图 3.3 所示。

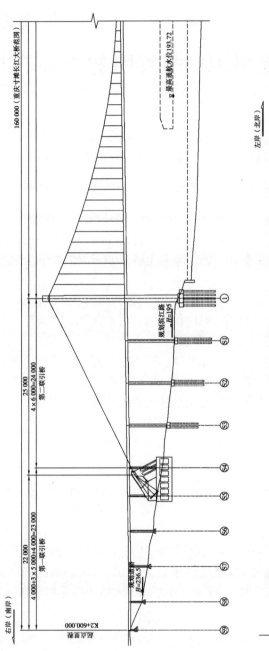

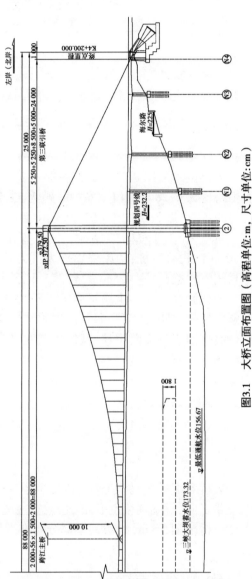

图3.1 大桥立面布置图（高程单位：m，尺寸单位：cm）

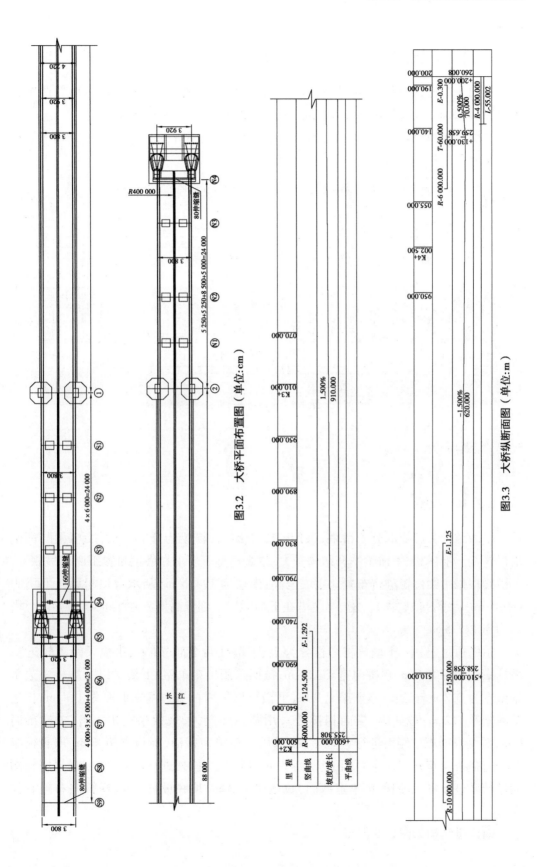

图3.2　大桥平面布置图（单位：cm）

图3.3　大桥纵断面图（单位：m）

3.2.3　横断面设计

双向 8 车道,单侧 4 车道外侧各设置两个大车道,宽 3.75 m;内侧各设置两个小车道,宽 3.5 m,与两岸道路保持一致;两侧各设置宽 2.0 m 的人行道。

主桥横向为整幅布置,桥面宽 38 m,全宽 42 m(包含吊索区和风嘴),路幅布置如图 3.4 所示。

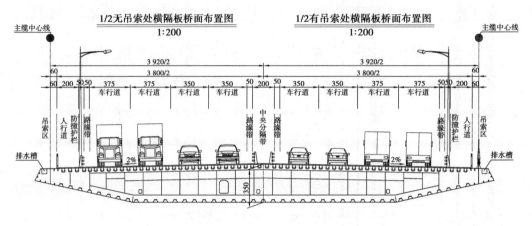

图 3.4　主桥路幅布置

3.3　结构设计

3.3.1　主塔

主塔结构为门式混凝土桥塔,采用 C50 混凝土,横梁为预应力构件,横梁与两侧塔柱连接。上横梁、中横梁结合结构受力、景观造型等要求在塔顶布置距离稍微靠近,下横梁根据主梁位置进行布置。主塔全高:南塔为 194.5 m(从承台顶起算),北塔为 199.5 m(从承台顶起算)。南、北主塔在下横梁以下部分高度相差 5 m,下横梁以上塔高均为 122.5 m。

主塔通过上、中、下横梁将塔柱分为上、下塔柱两个部分(上、中横梁距离较近);塔柱横桥向等宽 6 m,顺桥向宽 8~10 m,截面采用单箱单室;下横梁以上塔柱短边基本壁厚为 1.2 m、长边基本壁厚 1.0 m,下横梁以下塔柱短边基本壁厚为 1.4 m、长边基本壁厚 1.2 m;截面纵、横向相接处采用圆弧顺接,景观效果突出。上、中横梁高 6 m,宽度根据塔柱侧面进行调整布置,采用单箱单室截面,腹板厚 0.6 m,顶底板厚 0.6 m,横桥向布置有预应力;下横梁高 7 m,与塔柱交接处进行加高,宽度根据塔柱侧面进行调整布置,采用单箱单室截面,腹板厚 1.2 m,顶底板厚 1 m,横桥向布置有预应力。

南主塔结构如图 3.5 所示。

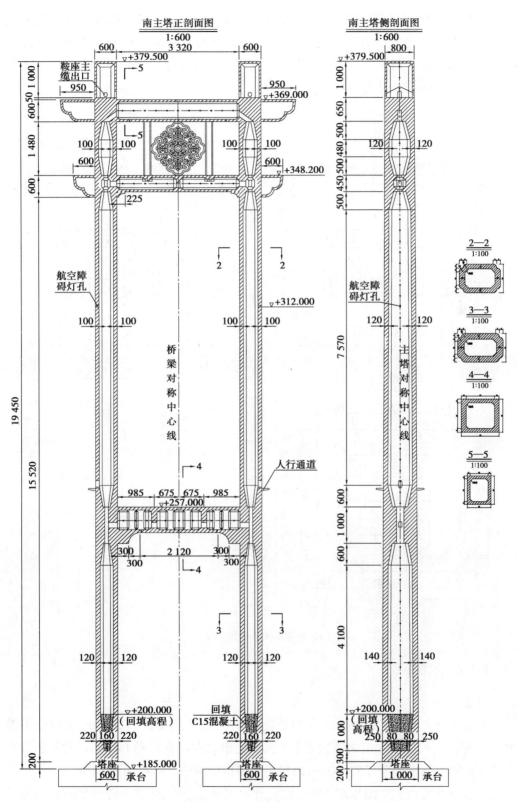

图 3.5　南主塔结构图(高程单位:m,尺寸单位:cm)

主塔塔墩处覆盖层厚度较大,并有地下水富存,采用钻孔群桩基础,以微风化基岩作基础持力层。主塔基础采用左右分离式,单个承台外形平面为八边形,厚度为6.0 m;承台上设置四棱台形塔座,塔座高度为2.0 m;每个承台下基础采用21根φ2.0 m钻孔灌注桩(图3.6)。

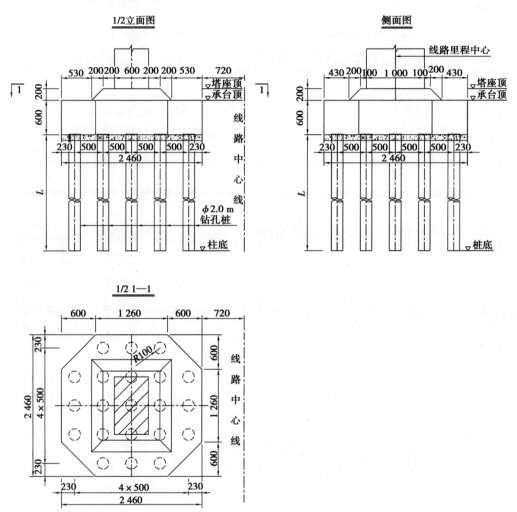

图3.6 主塔基础结构图(单位:cm)

3.3.2 缆索系统

1)主缆

大桥主跨主缆跨度为880 m,矢跨比为1/8.8,背缆跨度均为250 m;塔顶处主缆IP点高程均为+372.50 m,南岸散索鞍主缆理论散索点高程为+248.00 m,北岸散索鞍主缆理论散索点高程为+253.00 m;两根主缆横桥向的中心间距为39.2 m。

主缆在索夹内的空隙率取18%,索夹外取20%。主缆钢丝与鞍槽之间抗滑移系

数 $\mu=0.15$。主缆强度安全系数:对主要应力的安全系数 $K\geqslant2.5$,主缆钢丝在鞍槽内抗滑安全系数 $K\geqslant2.0$。

主缆采用预制平行钢丝索股,全桥共两根主缆,每根主缆由 110 股 127ϕ5.1 mm 镀锌高强钢丝组成。钢丝标准抗拉强度不小于 1 770 MPa,单根索股无应力长约 1 498.289 m。

索股用定型捆扎带绑扎而成,断面呈正六边形,两端设热铸锚头。热铸锚头由锚杯、盖板及分丝板组成,锚杯内浇铸锌铜合金。索股锚头的锚杯通过锚杆与锚固于锚碇锚体后面的后锚梁连接。

主缆在索夹内的空隙率为 18%;挤圆后直径为 666 mm,在索夹外的空隙率为 20%;挤圆后直径为 674 mm。主缆断面图如图 3.7 所示。

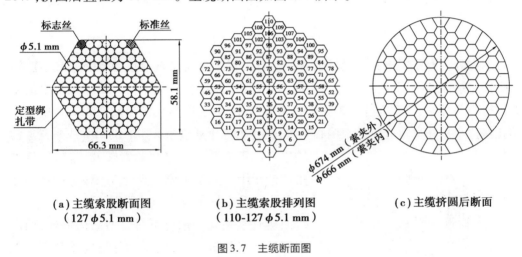

(a)主缆索股断面图　　　(b)主缆索股排列图　　　(c)主缆挤圆后断面
（127ϕ5.1 mm）　　　（110-127ϕ5.1 mm）

图 3.7　主缆断面图

2)吊索

吊索采用销接式,上端通过叉形耳板与索夹连接,下端通过叉形耳板与钢箱梁上的锚板连接。

吊索采用预制平行钢丝束,钢丝束外挤包 8.0 mm 厚双护层 PE 进行防护,PE 内层为黑色,外层为彩色。钢丝采用 ϕ5.0 mm 镀锌高强钢丝,钢丝标准抗拉强度不小于 1 670 MPa。吊索在主要荷载(恒载+活载+温度)作用下,安全系数$\geqslant3.0$;同一吊点均有两根吊索,当其中一根换索时,考虑用钢丝绳临时代替被换吊索受力,并在限制车辆通行情况下,另一根吊索安全系数$\geqslant1.8$;吊索编号从南塔向北塔方向依次编号,靠近南塔第一根为 1 号,顺次为 2~57,吊索标准间距为 15 m;塔侧吊索距塔中心线的距离为 20 m,1~57 号吊索沿桥轴向均布置两根吊索,间距为 0.5 m。

2~56 号吊索和跨中斜扣索 58 号、59 号吊索为普通吊索,每根普通吊索由 127 根钢丝组成。靠近塔侧的 1 号、57 号吊索为特殊吊索,每根特殊吊索由 139 根钢丝组成,每一吊点设置 2 根。

吊索上、下端锚头均采用叉形热铸锚。锚头由锚杯与叉形耳板组成,锚杯内浇注锌铜合金,叉形耳板与锚杯通过螺纹连接,上下两端螺纹方向相反。其中,上端为左旋螺纹,下端为右旋螺纹。转动上下两端锚杯可调节吊索长度,设计考虑上、下端叉形耳板与锚杯之间的螺纹共有±40 mm 调节量,用以调节制造、施工等引起的吊索长度误差。

在吊索锚口处设置一段套筒,与锚头相连,套筒与吊索钢丝之间填充密封材料,起缓冲作用,以改善对吊索的弯折疲劳影响。

对于成桥状态吊索索长 L(上、下端叉形耳板销轴中心间的距离)≥30 m 的吊索,设置减振架。下端第 1 道减振架距离下端叉形耳板销轴中心间的距离为 20 m,第 2 道减振架距离下端叉形耳板销轴中心间的距离为 40 m,第 n 道减振架距离下端叉形耳板销轴中心间的距离为 $n×20$ m。减振架将一个吊点的 2 根吊索互相联系,以减小吊索的风致振动。

3)索夹

索夹分为有吊索索夹和无吊索索夹。有吊索索夹与吊索对应,采用销接式连接。索夹按主缆倾角不同,所需夹紧力不同,索夹长度及螺杆数量不同。将相近长度的索夹进行合并,同一组索夹耳板销孔位置略有变化,以适应索夹倾角的变化。为使两个销孔保持水平并尽量避免吊索偏心受力,销孔对称于通过索夹中心的铅垂线布置。封闭索夹位于主鞍座两侧和散索鞍处,起封闭该处主缆的作用。无吊索索夹位于边缆无吊索区,起夹紧边缆及支撑主缆检修道的作用。

所有索夹均采用上下对合型结构形式,用高强螺杆连接紧固(图 3.8)。为保证在预紧高强螺杆作用下索夹能紧抱主缆,在两半索夹间留有适当的缝隙,接缝处嵌填氯丁橡胶防水条防水。索夹壁厚均为 35 mm,设计安全系数≥3.0(索夹考虑夹紧力及制造、安装误差引起的吊索力作用);索夹均采用 M42 螺杆张拉夹紧。索夹螺杆做成缩腰形,以避免在螺纹处断裂。应保证螺杆预拉力损失率≤30%。当螺杆预拉力损失至设计张拉力的 70% 时,索夹对主缆的抗滑安全系数≥3.0;在永存应力状态下(设计拉力损失至 70% 时),螺杆安全系数≥2.0;螺杆在设计张拉力作用下,安全系数≥1.4。

4)中央扣索

为改善日常行车情况下主跨跨中短吊索反复弯折现象,在主跨跨中短吊索处索夹上设置斜扣

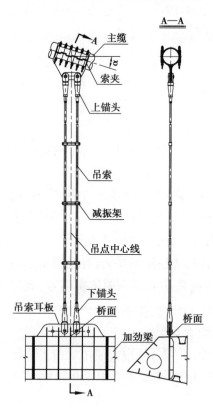

图 3.8　吊索与索夹结构示意图

索。斜扣索不承担恒载,在桥面铺装等二期恒载施工完毕后再安装。每根斜扣索张拉10 t 的安装轴力,保证正常情况下不放松即可。每个点设置 1 根斜扣索,全桥共设置 4根斜扣索。斜扣索断面由 127-ϕ5 mm 镀锌高强钢丝构成,钢丝标准抗拉强度为 1 670 MPa。

5)主索鞍

塔顶鞍座采用全铸式结构,鞍体底面与座板顶面涂耐磨减摩擦材料,降低抗滑移系数,便于鞍座顶推施工,以适应施工中的相对位移。座板顶面中央设有纵向导向肋,保证鞍座顶推不发生偏转。

为便于主缆索股架设,鞍槽内设竖向隔板,隔板厚 5 mm,鞍槽总宽 801 mm。在索股全部就位后,顶部用锌块填平,再将鞍槽侧壁用拉杆夹紧。

桥塔为混凝土结构,塔顶设有鞍座座板,用锚栓与塔顶紧紧锚固在一起;鞍座顶推到位调整好后,用成桥锁定板将鞍体与座板锁死。为顶推鞍座设置的反力架,用预应力钢绞线紧紧锚固在塔顶,并通过角钢与垫块支撑在塔壁上;架梁初期每鞍座采用两台 YSD4000 型千斤顶顶推,后期在鞍座中心线处增加一台 YSD5000 型千斤顶帮助顶推;施工完成后,将反力架拆除。

为减轻吊装、运输质量,鞍体分两半制造,吊至塔顶后用高强度螺栓拼接起来。鞍体单件吊装质量不超过 55 t。

塔顶鞍座预偏量:南岸为 1.338 m,北岸为 1.321 m。施工中,鞍体相对于塔顶的移动借助安放在反力架上的千斤顶,分几次有控制地进行顶推。每次顶推达到规定的位移量后,用拉杆及调距锁定板将鞍体临时锁定;顶推次数及各次的顶推量,应按照施工监控参数实施。

塔顶鞍座座板施工时,首先在塔顶预留安装槽与锚栓孔,保证安装槽底高程准确,并把安装槽底整平,达到要求的平整度;其次,吊装座板(锚栓带在座板上一起吊装),调平座板,上好锚栓;然后,用 C50 混凝土填封安装槽与座板之间的周围缝口,并按设计图纸要求预留出气(浆)孔;最后,通过座板上的压浆孔,向座板下压浆(与桥塔混凝土同强度的微膨胀砂浆),座板周围的每个出气(浆)孔都要待有浆体溢出后才能堵塞,充分保证压浆密实。

座板施工完成后,清除其顶面的施工残留物,保证其光洁度,确保鞍体在其上顶推的顺利进行。

主索鞍结构如图 3.9 所示。

6)散索鞍

散索鞍为底座式结构,由上部的鞍体和下部的特制大吨位柱面钢支座组成。鞍体用铸钢铸造,特制大吨位柱面钢支座的上支座板、柱面衬板、下支座板均用铸钢铸造,上支座板与柱面衬板间的球面滑板、球面衬板与下支座板间的平面滑板均为改性超高分子量聚乙烯,下支座板与底座板通过底脚螺栓固定于锚室混凝土前墙。

理论散索点到散索鞍底混凝土面的距离为 2.5 m。鞍槽底最低处竖弯半径从边跨向锚跨分 3 次变化,半径分别为 7.5 m、5.5 m 和 3.5 m;鞍槽侧壁的平弯半径为 9.85 m。

为增加主缆与鞍槽间的摩阻力,且方便索股定位,鞍槽内设竖向隔板。在索股全部就位并调股后,在顶部用锌块填平,上紧压板及楔形块等压紧设施,再将鞍槽侧壁用螺杆夹紧。

散索鞍结构如图3.10所示。

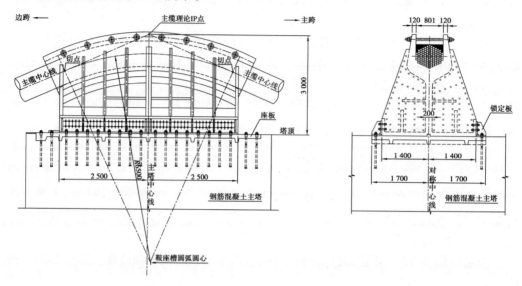

图3.9 主索鞍结构图(单位:mm)

3.3.3 加劲梁

1)概述

主桥位于1.5%的纵坡和$R=10\ 000$ m(路冠处)半径的竖曲线上;吊索纵向标准间距为15 m,塔侧吊索距主塔中心线20 m;跨中吊索两侧6 m处各设一道斜扣索,吊索横向间距为39.2 m;钢箱梁梁高3.5 m,桥面宽40.98 m,设2%的双向横坡。

主塔下横梁顶面设纵向阻尼器、横向抗风、震支座及竖向拉、压球型支座。纵向阻尼器用于约束日常行车条件下钢箱梁纵向变位及抗震消能。

横向抗风支座用于限制风荷载及地震荷载作用下钢箱梁的横向变位。

2)结构形式

钢箱梁为流线型扁平封闭单箱结构,梁高3.5 m,桥面宽40.98 m,两侧配有风嘴;钢箱梁全宽42.0 m,主塔处桥面宽度为33.0 m。

钢箱梁顶、底板采用U肋和横隔板(梁)垂直交叉的正交异性板结构体系。顶板小车道区域厚14 mm,大车道区域厚16 mm,底板厚10 mm;顶板U肋高280 mm,厚8 mm,间距为600 mm;底板U肋高220 mm,厚6 mm,间距为900 mm。箱梁内设2道纵腹板,间距为39.2 m,与吊索位于同一平面内,一般有吊索梁段非吊点区厚12 mm,吊点区加厚至20 mm,销孔直径为130 mm;跨中吊索梁段斜扣索区厚14 mm,销孔直径为130 mm,吊点区加厚至20 mm,销孔直径为130 mm;端吊索梁段远塔侧非吊点区厚12 mm,吊点区及近塔侧非吊点区纵腹板厚20 mm,销孔直径为140 mm;端部无吊索梁段内设2道纵腹板,纵腹板间距为32.9 m,厚度为20 mm。

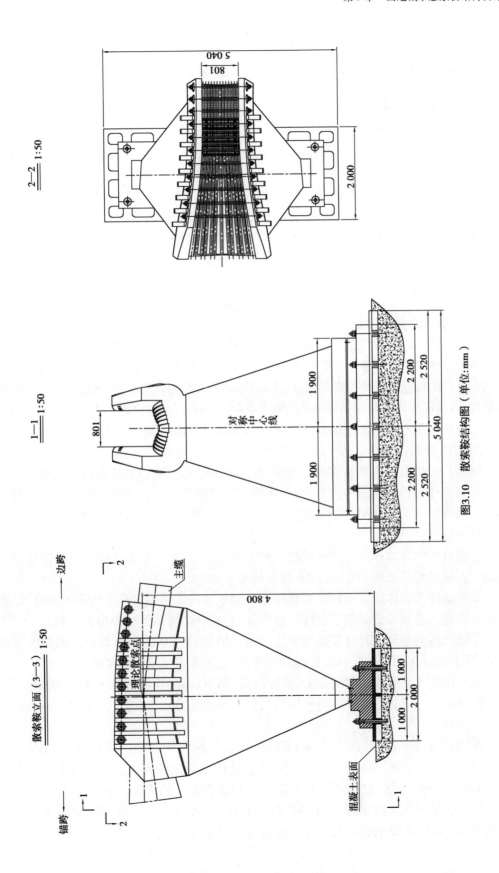

图3.10　散索鞍构造图（单位：mm）

横隔板(梁)间距为 3.0 m,采用对接实腹式结构;无吊索横隔板厚 10 mm,靠近纵腹板局部加厚至 14 mm;有吊索横隔梁厚 12 mm,靠近纵腹板局部加厚至 20 mm;支座及伸缩缝处横隔梁厚 20 mm。

钢箱梁两侧设风嘴,风嘴盖板厚 8 mm,用板式加劲肋加劲;风嘴隔板厚 8 mm,间距为 3.0 m,隔板上设人孔。

钢箱梁两侧风嘴内设全桥通长的开放式 U 形泄水槽,泄水槽内贴 6 mm 厚不锈钢板。

3)节段划分

钢箱梁沿桥纵向分成 59 个节段,共 6 种类型,标准梁段长 15 m,跨中梁段长 14 m,端梁段长 12.08 m;梁段最大吊重约 270 t;梁段之间均采用对接熔透焊缝连接。

钢箱梁竖曲线通过各个梁段顶底板长度的差值来实现。

钢箱梁如图 3.11 所示。

3.3.4 锚碇

1)工程地质条件

场区构造条件简单,基岩以泥岩为主夹砂岩,地下水主要存在低洼地带的砂岩裂隙和松散土层中。由于裂隙不发育且土层厚度小,地下水水量小,主要为局部土层中上层滞水和少量的低洼地带的砂岩裂隙水。南北锚碇持力层为砂质泥岩,埋藏较浅。根据地勘报告,砂质泥岩单轴抗压强度饱和值为 5.0 ~ 5.5 MPa,天然值为 8.3 ~ 9.3 MPa,属于软岩。地基承载力基本容许值取 1 200 kPa,地基抗滑摩擦系数取 0.45。

2)锚碇形式选择

隧道式锚碇是悬索桥锚碇的一种重要结构形式,通过隧道式锚碇将主缆中的大部分拉力直接传递给周围山体的基岩,要求锚碇处必须有良好的地质条件。隧道锚把岩体作为锚体的一部分共同承受大缆拉力。从宏观上看,适合建造隧道锚的锚址地质条件应具有以下特点:

①锚址区的地质条件应是区域稳定的。锚址区不应有滑坡、崩塌、倾倒体及层间滑动等区域性地质灾害存在,不应有深大断裂带通过。

②锚址区的岩体应具有较强的整体性。锚址区的岩体不应存在较多的裂隙、层理等地质构造。这些构造降低了岩体的整体性,对控制隧道锚的变位极为不利。

③锚址区的岩体应具有较高的强度。由于隧道锚的承载能力与岩体的强度密切相关,要求锚址区的岩体应具有较高的强度,以达到隧道锚的承载要求。

本桥锚碇下伏基岩为砂质泥岩,强度较低,属于软岩,且容易遇水软化、风化,不宜采用隧道锚。因此,南、北锚碇均采用明挖扩大基础重力式锚,施工方便、受力明确。

3)南锚碇

南锚碇基础平面尺寸为 63 m×58 m,基坑开挖深度约 10 ~ 33 m;基础内分为 6×7 =42 个隔舱,隔舱内填片石混凝土压重。基础混凝土约 5.5 万 m³,压重片石混凝土约 1.56 万 m³,基坑开挖量约 11.7 万 m³。锚体混凝土约 3.3 万 m³。

锚碇除散索鞍支墩顶部采用 C40 混凝土外,其余部位均采用 C30 混凝土。钢筋采用普通 HRB335 级钢筋。南锚碇结构如图 3.12 所示。

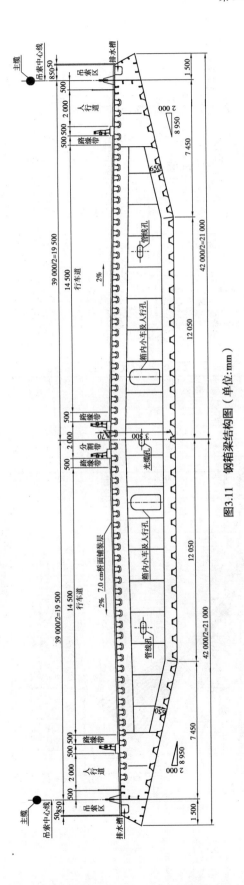

图3.11　钢箱梁结构图（单位：mm）

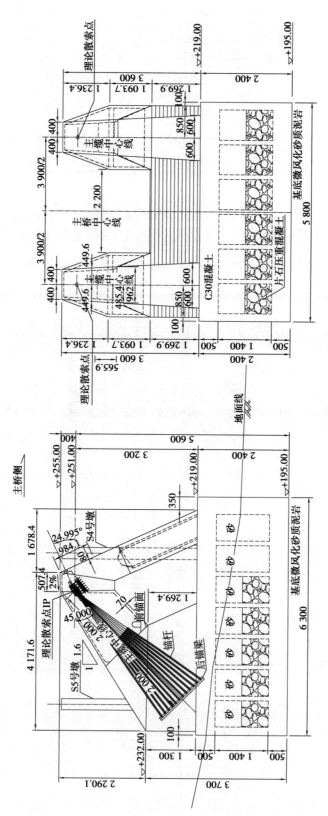

图3.12 南锚碇结构图（高程单位：m，尺寸单位：cm）

4）北锚碇

北锚碇基础平面尺寸为 56 m×58 m,基坑开挖深度为 33～39 m,基座以上扣除锚体需要空间,采用一部分片石混凝土压重。为增加抗滑安全度,节约基础混凝土数量,基底采用阶梯式。基础混凝土约 2.7 万 m³,压重片石混凝土约 2.6 万 m³,基坑开挖量约 19.5 万 m³。锚体、散索鞍支墩混凝土约 4.4 万 m³。

北锚碇散索点前方为桥梁上部结构设计终点,故散索鞍支墩前方设计为一挡墙,兼作为桥梁桥台,可节省造价。锚碇上方为桥梁路基,对锚碇安全计算有利。

锚碇除散索鞍支墩顶部采用 C40 混凝土外,其余部位均采用 C30 混凝土。钢筋采用普通 HRB335 级钢筋。北锚碇结构如图 3.13 所示。

5）锚固系统

目前,主缆锚固系统有预应力锚固系统、型钢锚固系统和预应力与型钢组合式锚固系统 3 种。

预应力锚固系统采用预应力钢绞线锚固主缆索股,主缆索股与锚体前面的钢制拉杆相连,拉杆通过连接平板、连接套筒及预应力钢绞线锚固在锚体上。该锚固系统采用双股锚和单股锚相结合,近年来在大跨悬索桥上应用较少。

从耐久性、可靠性方面考虑,着重对后两种锚固系统分别进行分析。

（1）型钢锚固系统

型钢锚固系统由锚杆和后锚梁组成,双股锚和单股锚相结合。锚杆均为焊接 H 型钢制杆件(单束锚杆前端过渡为箱形),锚杆上端伸出锚体混凝土外,与主缆索股锚头相连;下端与后锚梁连接,后锚梁则埋在锚体混凝土的后端。传力方式是主缆通过锚杆将力传给后锚梁,再通过后锚梁承压将力传给锚体混凝土。为避免锚杆与锚体混凝土之间发生共同作用,使混凝土产生开裂,安装锚杆时需在锚杆周围包裹一层油脂类或橡胶类隔离层。锚杆与后锚梁材质均为碳素钢 Q235C。

型钢锚固系统布置及构造如图 3.14 所示。

（2）预应力与型钢组合式锚固系统

预应力与型钢锚固系统布置及构造如图 3.15 所示。预应力与型钢组合式锚固系统是将预应力锚固系统与型钢锚固系统相结合,预应力锚固系统的钢绞线无缝钢管伸出前锚面外一定距离。这样可以方便检查压浆是否密实,保证预应力钢绞线的耐久性。前锚面外的构造取消传统昂贵的高强拉杆,代之以碳素钢板焊接的锚杆（图 3.16）。

两种锚固系统受力均较为明确,造价相差不大,施工难度也不大。考虑到型钢锚固系统施工方便、可靠性更好,最终采用型钢锚固系统。

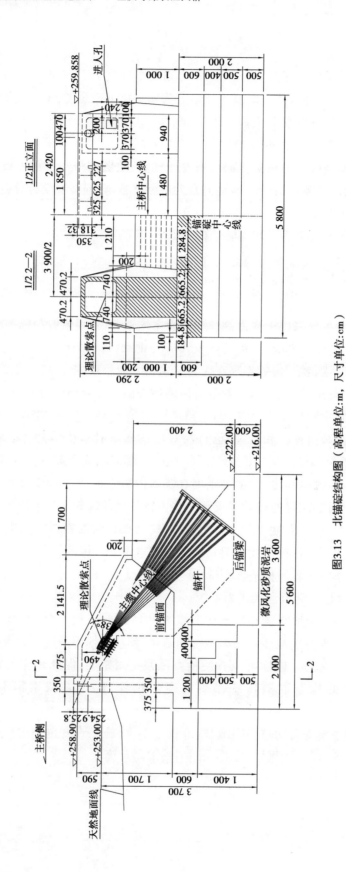

图3.13 北锚碇结构图（高程单位:m，尺寸单位:cm）

52

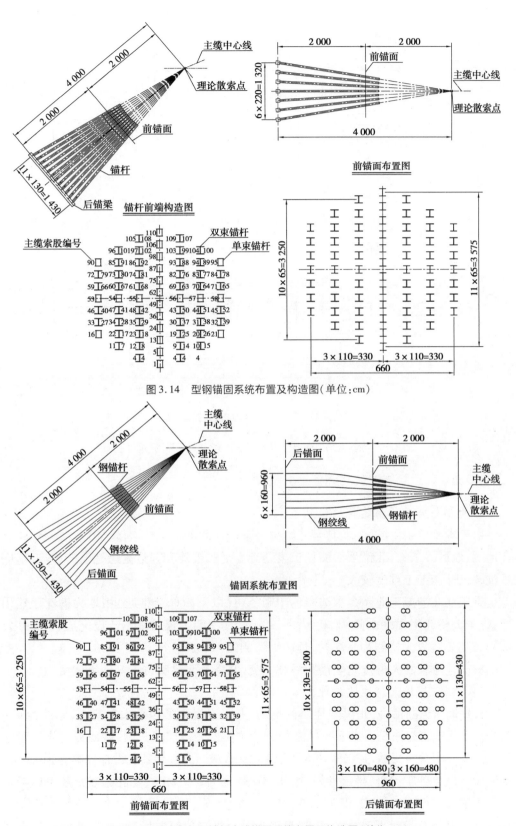

图 3.14　型钢锚固系统布置及构造图(单位:cm)

图 3.15　预应力与型钢组合式锚固系统布置及构造图(单位:cm)

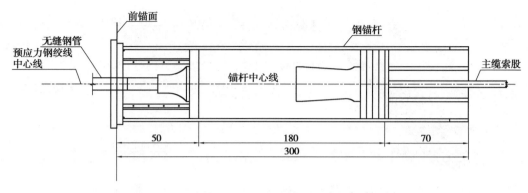

（a）双束锚杆

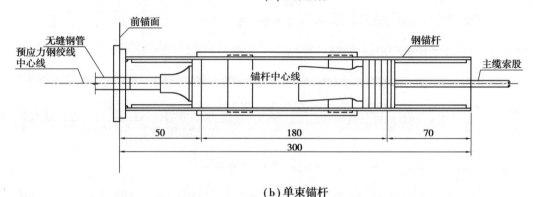

（b）单束锚杆

图 3.16　预应力与型钢组合式锚固系统锚杆构造示意图（单位：cm）

3.3.5　邻近高层建筑北锚碇基坑设计

1）北锚与邻近高层建筑的位置关系

由于本桥位于主城区，尤其是北岸位于重庆江北港城工业园区，园区高楼林立，结合地质、地形等条件，北锚采用明挖扩大基础。受边坡陡和邻近高层建筑的影响，锚碇基坑的设计和施工难度较大。

重庆江北港城工业园金雅迪彩色印刷公司（以下简称金雅迪）用地为拆迁还建用地，位于大桥北岸锚碇西侧约 20 m 处。当时，其一期工程已基本建设完成（8 层办公楼）；二期工程靠大桥侧为 9 层楼，远离大桥侧为 18 层楼（图 3.17）。

重庆寸滩长江大桥桥北岸接跑马坪立交，北塔及北锚碇位置基本无法变动。

2）北锚碇基坑开挖边坡设计

根据地质详勘报告，北锚碇地质概况为：上覆土层为第四系人工填土，厚度为 0～2.0 m；下伏基岩为侏罗系中下统自流井组砂质泥岩夹薄层状灰岩，砂质泥岩岩体较完整～完整，为软岩～极软岩，岩体基本质量等级为Ⅳ级。北锚碇基底设计标高为 216.0 m，基底为微风化砂质泥岩，稳定性好，饱和抗压强度为 5.2 MPa，基底摩擦系数为 0.45。

北锚碇基础处地表高程为 248.21～256.41 m，锚碇基坑开挖深度为 32.2～40.4 m。基坑开挖时，需放坡。为尽量减少对金雅迪建筑的影响，根据地勘报告中边

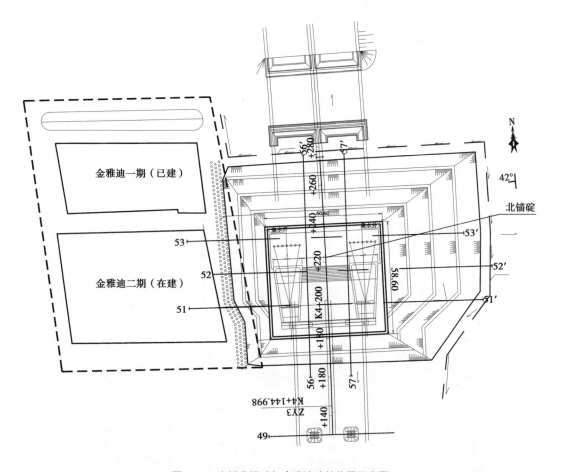

图 3.17　大桥北锚碇与金雅迪建筑位置示意图

坡开挖的相关建议,综合考虑施工安全、工程造价等因素,经计算分析,北锚碇施工基坑开挖边坡设计如图 3.18 所示。

3)北锚碇施工措施

金雅迪建筑边线距北锚碇基坑开挖边线非常近。北锚碇基坑开挖过程中,如果采取爆破辅助开挖,对金雅迪建筑工程有较大影响。施工中,需采取以下措施:

①北锚碇基坑开挖施工时,严格控制爆破规模,以防将基岩震松。

②采取定向爆破,合理选择和安排药包的位置和药量的分配,控制抛方的抛速大小和方向,做好对既有建筑物的安全防护。必要时,距离金雅迪建筑一定范围内需采用人工机械开挖,避免对边坡基岩及既有建筑造成不利影响。

③为避免边坡开挖对基岩岩性及建筑物产生变位影响,开挖时需及时对边坡基岩采用喷射混凝土进行封闭,并采取锚杆进行及时支护。

④北锚碇基坑及锚体施工时,实时监控建筑物及锚碇的变形,做好安全预警及应急准备措施。

⑤北锚碇施工时,研究塔吊布置、锚碇排水、基坑出渣等施工工序,避免对金雅迪建筑造成不利影响。

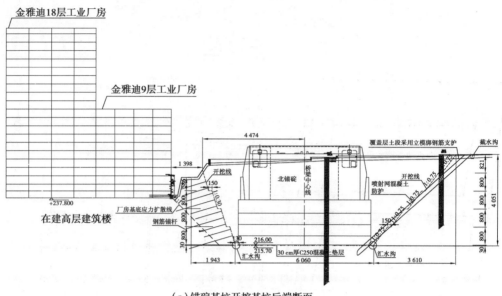

（a）锚碇基坑开挖基坑后端断面

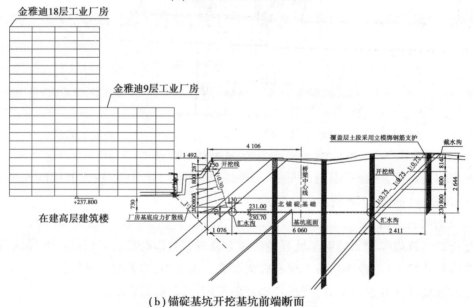

（b）锚碇基坑开挖基坑前端断面

图 3.18　北锚碇施工基坑开挖边坡设计示意图（高程单位：mm，尺寸单位：cm）

⑥施工时，制订详细的北锚碇施工组织及预防措施。

3.3.6　桥面铺装设计

根据气候条件和交通量预测，结合大跨钢箱梁悬索桥特点，钢桥面采用施工便捷、结构偏柔性的浇筑式沥青混凝土铺装层。通车以来，铺装整体状况良好。

1）钢桥面铺装

钢桥面行车道铺装层考虑功能要求的不同，分多层设计，铺装结构如图 3.19 所示。沥青混凝土铺装设计总厚度为 70 mm,结构组成为:35 mm 沥青玛琋脂碎石(SMA10)+35 mm 浇筑式沥青混凝土(GA10)。

铺装面层	高弹沥青SMA10,厚度:35 mm
	洒布改性乳化沥青,用量:300~500 g/m²
铺装下层	浇筑式沥青混凝土GA10,厚度:35 mm;撒布5~10 mm预拌碎石
防水黏结层	二阶反应性黏结剂,用量:100~200 g/m²
	甲基丙烯酸树脂(两层),总用量:2 500~3 500 g/m²
	防锈底涂层,用量:100~200 g/m²
钢板	喷砂除锈,清洁度:Sa2.5级;粗糙度:50~100 μm

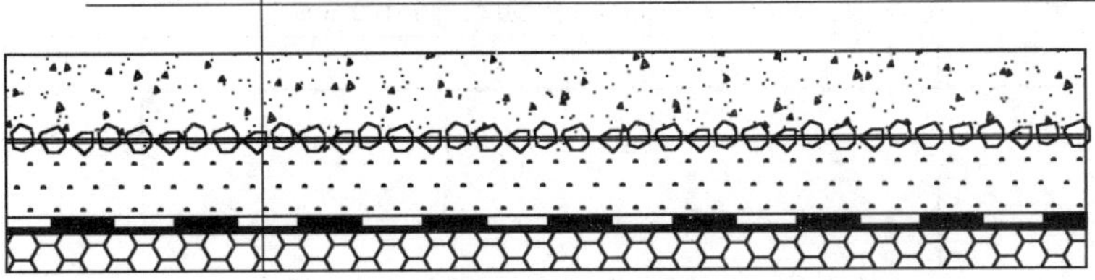

图 3.19　钢桥面行车道铺装结构示意图

钢桥面板在施工过程中一般会发生锈蚀。为保护桥梁结构的耐久性,在铺装前应对钢桥面进行喷砂除锈处理。根据《未涂覆过的钢材表面和全面清除原有涂层后的钢材表面的锈蚀等级和处理等级》(GB/T 8923.1—2011)要求,钢桥面喷砂除锈清洁度达到 Sa2.5 级,即"非常彻底的喷射除锈,钢材表面无可见的油脂、污垢、氧化皮、铁锈和油漆涂层等附着物,任何的痕迹应仅是点状或条纹状的轻微色斑"。同时,为保证防腐层与钢桥面的附着力,要求钢桥面板喷砂除锈后粗糙度达到 50～100 μm。

防水黏结层在桥面铺装结构中除具有防水效果外,还应具有良好的层间结合力及防腐效果、一定的低温抗裂性和随从变形能力、良好的水稳性和耐久性等。经试验研究和国内外大量工程验证,本工程采用丙烯酸树脂及系列材料(TOPEVER® 体系)作为防水黏结层。该材料在国外经受大量实体工程验证,在国内部分桥梁也进行了应用,使用效果良好。在喷砂除锈合格后 3 h 内,喷涂防腐底漆,待其固化后,喷涂丙烯酸树脂(两层)和反应型黏结剂,在每层喷涂完约 1 h(23 ℃)后喷涂下一层。

为确保桥面铺装结构有良好的防水效果,沥青混凝土铺装结构下层(保护层)采用孔隙率小于 1% 的浇筑式沥青混凝土(GA10)。该混合料结构形式为完全悬浮型,细集料多,沥青含量高,在高温下经特殊搅拌工艺拌制后,混合料呈现自流状态,经摊铺整平后,混合料靠自重流动作用,形成密实且不透水的铺装层,整体上具有很好的抗疲劳性能和耐久性。同时,为提高浇筑式沥青混凝土与上部铺装层之间的结合力和整体抗剪强度,完成浇筑式沥青混凝土施工后,撒布预拌碎石。

铺装上层选用高弹沥青 SMA10 作为面层结构,主要考虑到面层功能性要求,对铺装面层的综合性能要求较高,要具有良好的高温稳定性、抗滑性能、低温抗裂性、平整度、抗疲劳性能等,还要求空隙率小、水稳性好。同时,为增强沥青混凝土铺装上下层之间的结合力,在 GA10 与 SMA10 铺装层之间洒布改性乳化沥青。

2)人行道及中央分隔带铺装

人行道及中央分隔带区所承受的竖向荷载与水平方向的作用力远远小于行车道,

桥面结构本身的变形幅度也小,因此不需要很复杂的防水体系和结构强度。钢桥面喷砂除锈合格后,在人行道上分别铺筑 3 mm FRP 层合板和黄灰相间色彩环氧砾石层,在中央分隔带上铺筑 55 mm FRP 空心板和黑灰色环氧砾石层,如图 3.20 所示。

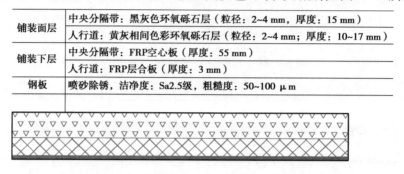

铺装面层	中央分隔带:黑灰色环氧砾石层（粒径:2~4 mm；厚度:15 mm）
	人行道:黄灰相间色彩环氧砾石层（粒径:2~4 mm；厚度:10~17 mm）
铺装下层	中央分隔带:FRP空心板（厚度:55 mm）
	人行道:FRP层合板（厚度:3 mm）
钢板	喷砂除锈,洁净度:Sa2.5级；粗糙度:50~100 μm

图 3.20　人行道及中央分隔带铺装结构示意图

3.3.7　总体计算结果

1）静力计算

（1）结构刚度

悬索桥是柔性桥梁,其挠度要比其他刚性桥梁大得多。为弄清楚行车的舒适性,需要考察加劲梁在活载作用下的变形及结构刚度。

在活载作用下,加劲梁变形及结构刚度如表 3.1 所示。

表 3.1　活载作用下加劲梁变形及结构刚度

项目	最大挠度（m）	挠跨比			最大上拱（m）	梁端转角（rad）	梁端纵坡（%）
		计算值	允许值	判断			
数值	−1.978	1/445	1/250	满足	1.177	0.015 7	1.57

从表 3.1 可见,挠跨比为 1/445,满足规范不宜大于 1/250 的要求。加劲梁梁端竖弯转角为 0.015 7 rad,相应的加劲梁梁端纵坡为 1.57%。梁端纵坡不大,对行车的舒适性不至于造成不利的影响。

在横向强风作用下,加劲梁最大横向位移及结构刚度如表 3.2 所示。

表 3.2　横向强风作用下加劲梁变形及结构刚度

项目	最大横向位移（m）	与跨度比值		
		计算值	允许值	判断
数值	0.850 4	1/1 035	1/150	满足

最大横向位移与跨度比值为 1/1 035,满足规范不宜大于跨度的 1/150 的要求,且富余度较大,对行车安全性及舒适性有利。

在活载作用下,塔顶偏位为 0.156 m,为塔高的 1/1 279;在横向强风作用下,塔顶横向位移为 0.178 m,塔顶偏位都较小。

(2)强度检算

①主缆。每根主缆由 110 股 127ϕ5.1 mm 镀锌高强平行钢丝组成,单缆截面积为 0.285 38 m^2,标准强度 σ_b=1 770 MPa。根据规范规定,计算主缆拉力时,将体系温变作为永久荷载考虑。主缆受力的控制截面在桥塔两侧,其余截面随着主缆倾角的减小,内力、应力也逐渐减小。桥塔两侧主缆强度检算如表 3.3 所示。

表 3.3 主缆强度检算结果

项目	塔处主缆						允许[k]
	边跨侧			主跨侧			
	内力(kN)	应力(MPa)	k	内力(kN)	应力(MPa)	k	
数值	192 900.76	688.32	2.57	187 839.97	670.27	2.64	2.5

根据规范规定,主缆应力验算时,主力组合下安全系数不得小于 2.5。从检算结果可见,在主力作用下,主缆的最大拉力为 192 900.76 kN,最大应力为 688.32 MPa,强度安全系数为 2.57。

②吊索。本桥吊索为销接式结构,钢丝标准强度 σ_b=1 670 MPa,每个吊点设置两根吊索。根据规范规定,强度验算中,销接式吊索的安全系数应不小于 3.0。

吊索强度检算结果表明,在主要组合作用下,最不利吊索的应力为 532.43 MPa,强度安全系数为 3.14。

换索工况:在限制交通状况下进行换索,吊索强度安全系数为 1.96≥1.8,满足要求。此外,换索时对加劲梁受力影响很小。

③主塔。塔柱为普通钢筋混凝土构件,采用 C50 混凝土,最大压应力为 16.13 MPa,最小压应力为 1.48 MPa,满足规范要求。

在恒载+船撞力作用下,主塔最大压应力为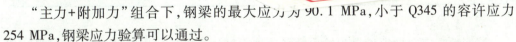足规范要求。

④加劲梁。主力组合下,钢梁203 MPa,满足规范要求。

"主力+附加力"组合下,钢梁的最大应力为 90.1 MPa,小于 Q345 的容许应力 254 MPa,钢梁应力验算可以通过。

加劲梁第二体系应力计算结果:跨中处最大正弯矩 M_{max}=6.8 t·m;隔板处最大负弯矩 M_{min}=-4.5t·m;跨中截面应力 σ_s=30.75 MPa,σ_x=-85.93 MPa;隔板处截面应力 σ_s=-20.34 MPa,σ_x=56.87 MPa。第二体系应力与第一体系应力组合时,容许应力可提高 1.25 倍,满足要求。

加劲梁第三体系表现为板的弯曲,构件产生膜应力。此外,设计只限于弹性工作范围,因此一般不考虑第三体系应力。

2)动力计算

(1)设计风速和主梁颤振检验风速

①设计基本风速。本桥的设计基本风速取 $V_{10}=27.5$ m/s。

②设计基准风速。地表粗糙度类型按 B 类地表粗糙度考虑,桥面基准高度按 90 m 计算。

在成桥状态下,得出主梁设计基准风速 $V_{d(梁)}=39.1$ m/s,主塔设计基准风速 $V_{d(塔)}=40.7$ m/s。

施工阶段,梁塔的设计基准风速可考虑取 10 年重现期的风速,风速重现期系数为 0.84。主梁设计基准风速 $V_{d(主梁施工)}=32.8$ m/s,主塔设计基准风速 $V_{d(主塔施工)}=34.2$ m/s。

③主梁颤振检验风速按下式确定:

$$[V_{cr}]=K\mu_f V_{D(梁)}$$

式中　K——考虑风洞试验误差及设计、施工中不确定因素的综合安全系数,$K=1.2$;

　　　μ_f——考虑风速的脉动影响及水平相关特性的无量纲修正系数,$\mu_f=1.26$。

因此,成桥运营状态下主梁颤振检验风速 $[V_{cr}]=59.1$ m/s;在施工阶段,主梁颤振检验风速 $[V_{cr}^s]=49.6$ m/s。

(2)抗震设防标准的确定

根据《重庆机场专用快速路(南段)地震安全性评价报告》,重庆寸滩长江大桥南侧主墩覆盖层厚 9 m。对比《建筑抗震设计规范》(GB 50011—2010)中场地类型的判别依据,该场地属于 II 类场地。重庆寸滩长江大桥北侧主墩覆盖层小于 3 m,为 I 类场地。计算偏安全地取南侧主墩的地震动参数作为本桥的抗震计算标准。本桥属于 A 类桥梁,主桥结构抗震设防标准如表 3.4 所示。

表3.4　主桥结构抗震设防标准

设防水准	构件类型	性能要求	受力状态	功能要求
E1 地震作用 (100 年 10%)	桩基础	无损伤	保持弹性状态,小于初始屈服弯矩	基本不影响车辆通行
	主塔	无损伤	保持弹性状态,小于初始屈服弯矩	
E2 地震作用 (100 年 3%)	桩基础	可修复裂缝	可接近屈服,小于等效屈服弯矩	经简单修复可继续使用
	主塔	可修复裂缝	可接近屈服,小于等效屈服弯矩	

根据地震安全性评价报告给出的场地地表设计标准反应谱特征参数,抗震设防标准取用如下:

①E1 地震作用下(100 年超越概率 10%)的水平地震动峰值加速度 $A_{max}=0.079g$;

②E2 地震作用下(100 年超越概率 3%)的水平地震动峰值加速度 $A_{max}=0.122g$。

（3）结构动力特性分析

①计算模型。大桥采用空间结构计算模型,钢箱梁采用鱼骨梁模型,叠合梁采用双主梁模型,混凝土板主梁采用板单元模拟。成桥状态计算模型如图 3.21 所示。

图 3.21　成桥状态计算模型

②成桥状态结构各部位边界条件如表 3.5 所示。

表 3.5　成桥状态结构各部位边界条件

部位	Δx	Δy	Δz	θ_x	θ_y	θ_z
主塔在承台顶处	K	K	K	K	K	K
塔梁交接处	C	1	1	1	0	0
主缆在锚碇处	1	1	1	1	1	1

表 3.5 中,Δx、Δy、Δz 分别表示沿纵桥向、横桥向、竖桥向的线位移,θ_x、θ_y、θ_z 分别表示绕纵桥向、横桥向、竖桥向的转角位移。1 表示"约束",0 表示"放松",K 表示"基础弹簧刚度",C 表示"阻尼器"。单个阻尼器参数取 $C = 3\ 000\ \text{kN}/(\text{m/s})^{0.4}$。

③成桥状态动力特性如表 3.6 所示。

表 3.6　成桥状态动力特性

序号	振型主要特性	自振频率 f(Hz)	圆频率 ω(r/s)	自振周期 T(s)
1	主梁一阶对称横弯	0.095 4	0.599 6	10.478 3
2	体系纵向振动+主梁一阶反对称竖弯	0.098 1	0.616 1	10.198 2
3	主梁反对称竖弯	0.145 3	0.912 7	6.884 0
4	主梁对称竖弯	0.168 9	1.061 4	5.919 9
5	主梁对称扭转	0.372 3	2.339 4	2.685 8
6	主梁反对称扭转	0.434 6	2.730 9	2.300 8

注:反对称扭弯频率比 $\varepsilon = f_{16}/f_2 = 4.43$;对称扭弯频率比 $\varepsilon = f_{14}/f_4 = 2.2$。

计算结果表明,由于动力特性计算时,阻尼器不向结构提供刚度,即纵向为漂浮体系,因此结构的体系纵向振动出现得较早,均出现在第二阶;由于采用抗风性能较好的带风嘴的闭口钢箱,因此,主梁的扭转频率较高,对称扭弯频率比为2.2,反对称扭弯频率比为4.43。

（4）颤振临界风速的估算

①桥梁颤振稳定性指数 I_f 按下式计算:

$$I_f = \frac{[V_{cr}]}{f_T \cdot B}$$

式中　f_T——主梁扭转基频;

　　　B——全桥宽;

　　　$[V_{cr}]$——颤振临界风速。

颤振稳定性指数及分级如表3.7所示。

表3.7　颤振稳定性指数及分级

工况	I_f	分级	抗风稳定性
正对称扭转	3.7	Ⅱ	宜通过节段模型风洞试验进行检验
反对称扭转	3.2	Ⅱ	宜通过节段模型风洞试验进行检验

②颤振临界风速的估算:

a. 弯扭耦合颤振的临界风速根据工程界普遍应用的 Van der put 公式进行估算:

$$V_{cr1} = \eta_s \eta_\alpha [1 + (\varepsilon - 0.5)\sqrt{0.72\mu r/b}]\omega_h b$$

式中　η_s——主梁断面形状影响系数;

　　　η_α——攻角效应系数;

　　　b——半桥宽;

　　　r——惯性半径;

　　　ε——扭弯频率比;

　　　μ——梁体质量与空气的密度比;

　　　ω_h——基阶竖弯圆频率。

b. 分离流扭转颤振的临界风速由 Herzog 公式估算:

$$V_{cr2} = \frac{1}{T_h}Bf_T$$

式中　$\frac{1}{T_h}$——Theodorson Number 的倒数;

　　　B——全桥宽;

　　　f_T——主梁扭转基频。

c. 钢箱梁为扁平型断面,有可能发生弯扭耦合颤振。多振型耦合颤振采用无量纲弯曲振型$[v]$和扭转振型$[\theta]$之间的相似指数来判断。相似指数 s 的表达式如下:

$$s = \frac{([v]^{\mathrm{T}}[\theta]^2)}{([\theta]^{\mathrm{T}}[\theta])([v]^{\mathrm{T}}[v])}$$

计算各种可能的耦合振型的相似指数,如表 3.8 所示。

表 3.8　各种可能耦合振型的相似指数

对称竖弯和对称扭转耦合相似指数	反对称竖弯和反对称扭转耦合相似指数
0.55	0.99

通过以上计算,初步分析表明,对于钢箱梁方案,加劲梁的弯扭耦合颤振是反对称弯扭耦合颤振。表 3.9 中给出了各工况下主梁的颤振临界风速。

表 3.9　成桥状态主梁颤振临界风速估算

工况	μ	$r(\mathrm{m})$	$b(\mathrm{m})$	ε	$\omega_{\mathrm{h}}(\mathrm{r/s})$	$f_{\mathrm{T}}(\mathrm{Hz})$	$\eta = \eta_{\alpha}\eta_{\mathrm{s}}$	T_{h}^{-1}	V_{cr1} $(\mathrm{m/s})$	V_{cr2} $(\mathrm{m/s})$	$[V_{\mathrm{cr}}]$ $(\mathrm{m/s})$
对称振型耦合	18.6	12.0	20.93	2.20	1.061	0.372 3	0.64	8	81.3	124.7	59.1
反对称振型耦合	18.6	12.0	20.93	4.43	0.616	0.434 6	0.64	8	98.2	145.5	59.1

由表 3.9 可以看出,主梁的宽高比达 11 以上,表现出扁平断面特性,因此主梁的颤振形态是弯扭耦合颤振。从表 3.9 中也可以看出,$V_{\mathrm{cr2}} > V_{\mathrm{cr1}}$。由此可知,主梁的弯扭耦合颤振和分离流扭转颤振临界风速均大于主梁的颤振检验风速,满足规范要求。

需要说明的是,上述稳定性分析仅是对主桥加劲梁的颤振临界风速做了一个初步估算,从整体上对结构的抗风性能做了一个初步判断。最终,主桥通过开展桥址处的风环境模拟分析及风洞试验,进一步验证了主梁的抗风稳定性满足要求。

(5)结构的抗震性能

①结构的地震响应计算。计算结构地震响应的模型同结构的动力计算模型。为减小地震作用下结构的纵向位移和结构的地震内力,在两主塔和主梁交接处设置液压阻尼器。全桥共设置 4 个阻尼器,单个阻尼器的参数为 $C = 3\,000\ \mathrm{kN/(m/s)^{0.4}}$。桥梁结构地震响应采用时程法理论进行计算。根据地震安评价报告提供的人工加速度地震波,即 E1(100 年 10%)和 E2(100 年 3%)地震作用下的各 3 条人工波,计算结果取 3 条波的最大值。设置阻尼器后结构主要部位的地震反应列于表 3.10 至表 3.12。

表 3.10　E2 地震作用下控制点的位移

结构位置	纵桥向(mm)	横桥向(mm)
主塔塔顶	34	174
主梁跨中	131	739
梁端	131	94

表 3.11 E1 地震作用下结构各主要部位地震响应

部位	截面	纵向反应			横向反应			简图
		$M(kN \cdot m)$	$Q(kN)$	$N(kN)$	$M(kN \cdot m)$	$Q(kN)$	$N(kN)$	
南侧塔柱	1—1	2 751	2 710	3 977	45 264	2 404	4 325	
	2—2	98 874	2 143	16 363	113 769	3 915	17 725	
	3—3	98 871	4 009	18 944	156 097	5 128	24 837	
	4—4	203 663	5 364	23 000	209 377	6 906	28 350	
	承台底	248 556	11 689	27 577	273 942	14 549	30 212	
北侧塔柱	1—1	3 365	2 698	4 343	43 052	2 048	4 043	
	2—2	92 774	1 842	17 688	116 246	4 350	20 720	
	3—3	92 775	3 645	21 102	159 918	5 530	28 640	
	4—4	213 690	5 375	24 205	208 852	6 222	31 456	
	承台底	242 053	11 906	27 829	256 925	14 584	32 903	

表 3.12 E2 地震作用下结构各主要部位地震响应

部位	截面	纵向反应			横向反应			简图
		$M(kN \cdot m)$	$Q(kN)$	$N(kN)$	$M(kN \cdot m)$	$Q(kN)$	$N(kN)$	
南侧塔柱	1—1	4 616	4 572	6 819	72 162	3 329	7 204	
	2—2	151 086	3 627	24 821	200 116	7 839	28 380	
	3—3	151 080	5 961	29 859	266 641	8 311	47 708	
	4—4	342 524	8 433	35 010	343 759	10 182	50 474	
	承台底	407 021	17 366	42 882	440 338	23 653	50 637	
南侧塔柱	1—1	5 105	5 045	6 524	70 474	3 284	6 597	
	2—2	160 476	3 408	26 174	191 325	7 736	31 773	
	3—3	160 479	5 765	31 001	263 659	8 070	45 558	
	4—4	370 787	9 090	38 152	306 068	10 042	50 496	
	承台底	416 105	19 772	45 627	401 450	23 352	50 783	

②结构的抗震性能验算。抗震验算参考《公路桥梁抗震设计细则》(JTG/T B02-01—2008)的验算方法,对控制截面在 E1 地震作用和 E2 地震作用下进行抗弯强度验算。E1 地震作用下对应的是初始屈服弯矩,E2 地震作用下对应的是等效屈服弯矩,

验算结果如表 3.13、表 3.14 所示。

表 3.13　截面抗弯强度验算(E1 地震作用下)

截面	恒载±横向地震作用 $M(kN \cdot m)$	恒载±纵向地震作用 $M(kN \cdot m)$	横向初始屈服弯矩 $M(kN \cdot m)$	纵向初始屈服弯矩 $M(kN \cdot m)$	安全系数	
					横向	纵向
南侧塔底	225 523	203 663	7.1×10^5	5.3×10^5	3.15	2.60
北侧塔底	224 313	213 690	7.1×10^5	5.3×10^5	3.17	2.48
桩基础	3 895	2 488	1.2×10^4	1.2×10^4	3.08	4.82

表 3.14　截面抗弯强度验算(E2 地震作用下)

截面	恒载±横向地震作用 $M(kN \cdot m)$	恒载±纵向地震作用 $M(kN \cdot m)$	横向等效屈服弯矩 $M(kN \cdot m)$	纵向等效屈服弯矩 $M(kN \cdot m)$	安全系数	
					横向	纵向
南侧塔底	359 905	342 524	9.7×10^5	6.9×10^5	2.70	2.01
北侧塔底	321 529	370 787	9.7×10^5	6.9×10^5	3.02	1.86
桩基础	5 842	3 782	1.4×10^4	1.4×10^4	2.40	3.70

　　由截面抗弯强度验算结果可知,主塔、桩基础的控制部位无论在 E1 地震作用下还是 E2 地震作用下,结构的安全系数均大于 1,满足 E1 和 E2 地震作用下的抗震性能目标。

第4章

桥梁防护系统耐久性及排水设计

4.1　概述

鉴于大跨度桥梁的耐久性要求高,维护难度大,桥梁的防护系统设计越来越受到重视。本桥位于重庆主城区,区内气象特征具有空气湿润、春早夏长、夏天光照强烈、冬暖多雾、秋雨连绵的特点,多年平均相对湿度为 79% 左右,绝对湿度为 17.7 hPa 左右,最热月份相对湿度为 70% 左右,最冷月份相对湿度为 81% 左右。针对气候特点,除主桥钢箱梁设置除湿系统外,主缆也设置了除湿系统,同时还研究了采用哪种主缆防腐方案与抽湿系统相匹配,以达到最佳效果。针对主塔、锚碇、引桥的混凝土耐久性,也设计了长效防腐涂装体系。

结合大跨悬索桥结构受力和变形特点,研发了新型超低模量的主缆钢锚杆隔离和防护措施,设计了主缆柔性中央扣索和主梁梁端阻尼器等增加耐久性的材料和设计。

此外,根据环保要求,全桥设置了纵向集中排水措施设计,并解决了纵向排水槽过大位移伸缩缝的难题。

4.2　主缆防腐方案研究

4.2.1　概述

主缆是悬索桥结构最主要的承重构件,且不可更换,被称为悬索桥梁的"生命线"。桥梁处在跨越江河湖海和承力的环境下,主缆钢丝在自然环境和应力下的腐蚀是难以避免的,必须进行主缆防护,以延长悬索桥的安全使用寿命。

目前,悬索桥主缆的防护技术主要有以下 4 种:

①聚异丁烯不干性密封膏+钢丝缠绕+聚硫密封胶涂层法;

②除湿系统+S 形钢丝+聚硫密封胶涂层法;

　　③除湿系统+缠包带法；

　　④除湿系统+聚异丁烯不干性密封膏+钢丝缠绕+聚硫密封胶+织物加强件+聚硫密封胶涂层法。

　　每一种防护方法都有一定的优点和缺点。对国内几座具有代表性的悬索桥主缆内部进行检查时，发现了以下一些较严重的问题：

　　①主缆内部积水、相对湿度较高；

　　②主缆与索夹、索鞍等的结合处是最易受到侵蚀的薄弱部位；

　　③除湿系统送气压力不够、干空气温湿度达不到设计要求；

　　④缠包带黏合不紧密漏气；

　　⑤除湿机不能正常工作且得不到及时修复、锚室积水严重。

　　这些问题都会导致主缆钢丝腐蚀(图 4.1、图 4.2)和使用寿命缩短，使得整座桥梁服役年限缩短，进而会产生直接的经济损失和社会效益方面的损失。

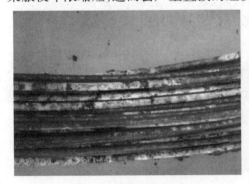 

图 4.1　主缆钢丝腐蚀　　　　　　　图 4.2　主缆钢丝腐蚀

4.2.2　主缆腐蚀环境和腐蚀类型

　　按主缆所处的腐蚀环境，腐蚀类型可分为大气腐蚀、水腐蚀以及化学介质腐蚀。大气腐蚀又可以分为工业大气、海洋大气、农村大气三类，其影响因素主要为工业污染、盐分含量、湿度等。水腐蚀多为自然界中存在的水，如海水、江河水、雨水等。这些水大部分为近中性介质，其腐蚀过程的去极化剂主要是溶解氧。某些受污染的水之中可能会存在氢去极化现象。化学介质腐蚀包括酸、碱、盐、氧化剂、非电解质等腐蚀介质。

　　主缆腐蚀的本质是主缆钢丝金属原子失去电子被氧化的过程，按主缆腐蚀的原理，又可分为化学腐蚀、电化学腐蚀、应力腐蚀和疲劳腐蚀。化学腐蚀和电化学腐蚀是主缆腐蚀中最普遍，也是最重要的类型。实际上，随着环境的改变，各种影响腐蚀的因素非常复杂。它们会使腐蚀的程度或形态跟着改变，并且增加腐蚀的严重性。影响金属腐蚀的因素很多，是由各种内在和外在因素所引起的，主要有以下 3 种。

　　①环境温度和湿度：一般情况下，温度的升高会加快化学反应速率。因此，温度对

化学腐蚀的影响较明显。

②与金属表面接触的溶液成分及 pH 值:酸雨的主要成分是 SO_2,遇到水就变成了硫酸;它会和铁反应生成氢气,所以铁会被腐蚀。

③金属材料本身化学成分和结构:金属越活泼,就越容易失去电子而被腐蚀。如果金属中能导电的杂质不如该金属活泼,则容易形成原电池而使金属发生电化学腐蚀。

4.2.3　主缆防护技术的发展

19 世纪 40 年代,美国 John. A. Reobling 发明了主缆腻子钢丝缠绕涂层法。百余年来,这种传统主缆防护体系不断改进完善,长期应用。我国悬索桥主缆防护基本采用传统防护系统,国内较早应用的是中航百慕新材料技术工程股份有限公司的专利防护技术及材料,主要材料采用聚异丁烯不干密封膏、聚硫密封胶。后来,该技术得到了广泛推广应用,并纳入了《悬索桥主缆系统防腐涂装技术条件》(JT/T 694—2007)。

20 世纪 60—70 年代,美国钢铁公司和化学公司开发了 2 种合成护套防护方法,但因施工困难和防护效果等原因未能推广,而其中的缠带方法经过改进。美国布朗公司的缠包带+除湿系统的主缆防护技术方式(D. S. Brown 公司 Cableguard 弹性缠包带系统)始于 20 世纪 90 年代,是一种弹性的氯磺化聚乙烯聚合物,制成 3 层(聚合物-织物加强件-聚合物)叠层结构,厚 1.14 mm(±0.08 mm),缠包到主缆上需 50% 重叠,厚约 2.28 mm。缠绕安装后 24 h 内,加热到至少 150 ℃,5~7 min 后以熔合重叠的缠包带,并压缩缠包带于主缆表面。

20 世纪末,日本研究开发新技术、新工艺、新材料,研究开发和应用了多种改进型腻子和涂料材料,形成了专用防腐腻子和软性涂料涂装体系;针对圆钢丝缠绕的密封间隙和传统防护体系不能完全防护腐蚀等问题,经过大量的检查观察和试验研究,开发了主缆 S 钢丝缠绕和主缆干燥空气除湿方法。日本将除湿系统成功应用于主缆,开发了互扣密封较好的 S 形缠绕钢丝。

4.2.4　传统主缆防腐技术分析

1)红丹或锌腻子+圆形钢丝缠丝+丙烯酸聚氨酯面漆

红丹或锌腻子对主缆钢丝进行填充,腻子主要起到对主缆钢丝钝化或阴极保护的作用,然后对主缆表面进行缠丝约束主缆并为涂装提供较为平整的表面,最后出于密封与大桥景观的需要在缠丝表面进行油漆涂装,如江阴长江大桥、丰都长江大桥等使用的锌腻子,香港青马大桥使用的红丹腻子,虎门大桥使用的聚氨酯腻子。红丹或锌腻子容易干结、开裂脱落,红丹对环境产生比较大的危害。随着材料技术的发展,该类防腐技术已经不再应用。

2）聚异丁烯不干性密封膏+圆形钢丝缠丝+聚硫密封胶

聚异丁烯不干性密封膏填塞钢丝缝隙能与缠丝形成铠甲密封保护,本身含缓蚀剂而且具有吸湿功能和密性好,在主缆形成密封后可以持续吸收密封于主缆内部的水汽;密封膏能够成为主缆的物理、化学、电化学保护,为主缆钢丝提供较好的保护;聚硫密封胶弹性好,能够适应主缆缠丝的变形,且耐老化性能优良,保证了主缆防腐体系寿命的长久性。主缆后期局部破损部位的维修工作,只需要将原有涂层去除,重新刮涂即可,施工便利,密封胶表面涂装性较好,可以根据景观需要对其进行各种颜色面漆的涂装,后期维护重刷面漆也相对容易。

主缆架设过程中雨水和水汽的进入或者运营期外部潮湿空气和大气中的水分通过开裂位置及钢丝缠绕层的裂缝侵入主缆内。由于该体系密封性好,主缆施工期进入的水汽很难再挥发出来,因此对主缆内部造成了一定的腐蚀。由于聚硫密封胶层为手工施工,难免出现薄弱环节,以至于局部可能不满足主缆除湿系统的 300 Pa 耐压要求,可能出现无法承受主缆除湿系统气压而导致的密封胶鼓包或破裂脱落的情况。主缆腻子+缠丝+涂装防护具体设计方案如图 4.3 所示。

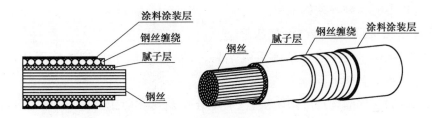

图 4.3　主缆腻子+缠丝+涂装防护方式

3）除湿系统+S 形钢丝缠丝+聚硫密封胶

S 形钢丝缠丝干燥空气除湿法的主要原理是通过缠包带密封主缆,形成主缆的气密和水密的密封层,利用专用的除湿机和附属设备,在合适的温度和压力条件下,将经过处理的干燥空气送入主缆内部,将积累在主缆中的水分排干,保持钢丝相对干燥,达到消除可能产生腐蚀的环境及条件,实现干燥主缆内部钢丝和防护主缆的效果。主缆干燥空气除湿防护如图 4.4 至图 4.6 所示。

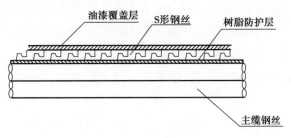

图 4.4　S 形钢丝缠绕示意图

图 4.5　S 形钢丝缠丝施工　　　　　　图 4.6　S 形钢丝缠丝干燥空气除湿法

S 形钢丝虽然可以形成环环相扣的形式，但对制作精度和施工工艺的要求也很高，容易出现以下问题：

①由于 S 形钢丝产品精度的偏差或施工误差造成环扣不吻合的情况，在缆索整体应力作用下，不吻合处将很容易形成应力释放点，也是形变的集中点；

②与其配套使用在主缆干燥空气除湿系统上的 200 μm 以内的弹性涂层系统，不仅长效防腐能力不足，而且 200 μm 厚度的弹性涂层也不足以支撑较大的形变，所以防护措施往往不能达到预期的效果。

4）除湿系统+圆形钢丝缠丝+缠包带

缠包带防护体系的优点包括施工效率高、机器与人工结合、现场施工环保性好。缠包带防护体系缺点如下：

①该系统为纯粹的物理屏蔽防护，没有电化学及化学防护功能，必须配合除湿系统一起进行防护。

②对施工工人技术要求高。在大跨度主缆中，由于主缆下垂度较大、缆索直径也很大（一般都在 0.5 m 以上），如何保障缠绕的同心度、起缠点和起缠斜度的确定比较困难。如果做不好，很容易出现空鼓、脱缠、搭接起皱等问题。

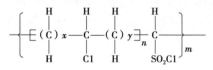

图 4.7　氯磺化聚乙烯分子结构

③有机高分子化学研究表明，最优异耐老化性能的材料是氟树脂，因为其 C—F 的键能大，其次是聚硅氧烷和聚氨酯。布朗公司缠包带为氯磺化聚乙烯（图 4.7），其主要化学键为 C—H、C—Cl、C—C 键，其键能都比 C—F 小，所以其耐候性不如氟碳漆好。

④缠包带采用热熔黏接的工艺，搭接处必须可靠黏接。在施工环境温度比较低的情况下（尤其冬季施工），加热毯较难保证缠包带需要的热固化温度，黏结不牢。为保证热熔固化的温度，要提高加热毯的温度，过高的温度又会导致加热毯烧坏。

⑤干燥空气送风系统在技术上可以有效消除主缆内部积水、结雾等现象，从而防止主缆钢丝的局部腐蚀。从技术的发展创新来看，这是非常有意义的，虽然增加了造

价,但其推广前景广阔,可以促进我国悬索桥技术的发展,有效提高悬索桥梁的运营安全性。但从目前运营的一些桥梁来看,除湿效果并不明显,出气口的空气达不到50%的干燥度,一些出气口空气压力也达不到设计值。尤其是一些偏远山区的桥梁,电力无法保证,除湿机经常因为停电而无法运转。除湿系统后期养护和监控成本高,也是导致除湿系统无法连续正常运转的因素之一。一旦除湿系统不能运转,缠包带将不能给主缆提供电化学、化学等防腐保护作用。

4.2.5　主动和被动相结合的主缆防腐新方案

本桥结合重庆地区湿度大及运营期管养特点,创新地提出了主动和被动相结合的主缆防腐新方案。首先,主缆首先采用传统柔性防护涂层体系:主缆外部涂不干性防护腻子后,再以直径 4 mm 的镀锌钢丝缠丝;外部在涂柔性面漆前,采用双层 1 250 μm 硫化型橡胶密封剂+高强玻璃布防护。传统防护体系可防止因主缆变形发生涂层收缩和延伸而开裂,增加主缆气密性,避免水汽进入主缆内部;同时,采用主缆除湿系统的主动防护措施,即通过空调系统,向主缆内部及鞍室、锚室内注入清洁干燥的空气,带出内部的水分,使得其内部空气温度保持在50%以下,以保证主缆不被腐蚀。

主缆防腐新方案为除湿系统+聚异丁烯不干性密封膏+圆形钢丝缠丝+聚硫密封剂+高强网格布+聚硫密封胶,具备以下优点:

①保留了传统聚硫密封胶体系的全部优点。

②通过除湿系统克服传统密封胶里面积水不易排出的缺点。

③在聚硫密封胶中间加一层高强网格布,既增加了聚硫密封胶层的耐压力,同时也避免了以前中间加高强玻璃布易分层的缺点,使 2 000 ~ 2 500 μm 的聚硫密封胶层和高强网格布形成一个高强的弹性体,聚硫密封胶系统的密封性更好。

④如果除湿机因停电或其他故障停止运转,体系能继续给主缆提供化学、电化学等保护。所以,该体系不需要除湿机长时间不停运转,可以节约电费和减少除湿系统保养维修次数。

主缆除湿系统布置、构造及施工如图 4.8 至图 4.11 所示。

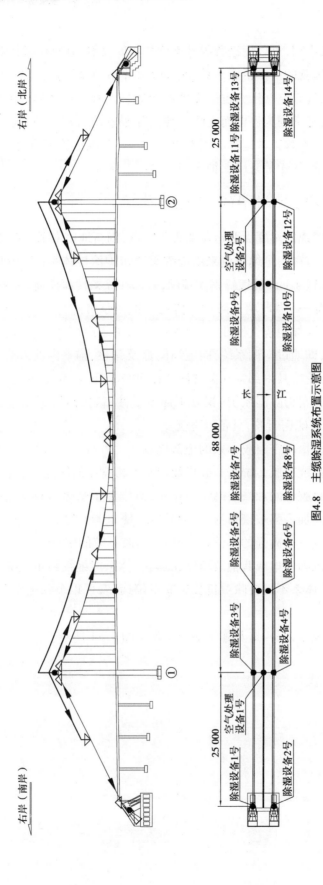

图4.8 主缆除湿系统布置示意图

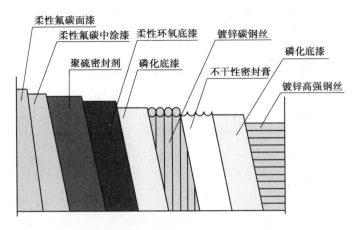

图4.9　主缆缠丝段防护构造示意图

图4.10　高强网格布施工

图4.11　跨中主缆除湿系统设备

4.3　新型超低模量的主缆钢锚杆隔离和防护

　　主缆采用型钢锚固系统,钢锚杆埋置于混凝土锚体内,大桥服役期间无法更换。为避免由于锚杆与锚体混凝土之间的黏结而导致共同受力,从而使锚杆周围混凝土受拉开裂,在锚体混凝土浇筑前,用可靠的隔离和防腐材料盖裹于锚杆外围,再浇筑锚体混凝土。大桥采用一种新型的超低模量高伸长率聚硫防腐密封胶,均匀涂裹在锚杆外表面,在锚杆与混凝土之间形成可靠的隔离和防腐层,既保证了结构受力安全,又保证了耐久性。超低模量高伸长率聚硫防腐密封胶的性能如表4.1所示,锚杆隔离和防腐方案如表4.2所示。

表 4.1 超低模量高伸长率聚硫防腐密封胶产品性能

序号	项目		技术指标	参照标准
1	适用期		≥40 min 或根据用户要求	JC/T 976—2005
2	表干时间		≥4 h 或根据用户要求	JC/T 976—2005
3	下垂度		≤1 mm	JC/T 976—2005
4	弹性恢复率		≥70%	JC/T 976—2005
5	拉伸模量	23 ℃	JC/T 976—2005	JC/T 976—2005
		−20 ℃	≤0.6 MPa	
6	伸长率		≥600%	—
7	定伸黏结性		无破坏	JC/T 976—2005
8	浸水后定伸黏结性		无破坏	JC/T 976—2005
9	冷拉—热压后黏结性		无破坏	JC/T 976—2005
10	质量损失率		≤5%	JC/T 976—2005
11	盐雾试验 300 h		合格	欧盟 BS EN15434:2006
12	酸雾试验 300 h		合格	欧盟 BS EN15434:2006

注:①实验条件为温度 23±2 ℃、相对湿度 50±5%,双组份混合比例质量比为 $A:B=100:10$。
②JC/T 976—2005 为《道桥嵌缝用密封胶》(JC/T 976—2005)的简写。

表 4.2 锚杆隔离和防腐方案

工序	产品及要求	参照标准
1	清洁度 Sa2.5,粗糙度 $Rz=35\sim75\ \mu m$	执行原设计方案
2	电弧热喷铝(1/150 μm)	
3	环氧封闭漆[(1~2)/50 μm]	
4	环氧云铁中间漆[(1~2)/150 μm]	
5	超低模量高伸长率聚硫防腐密封胶、厚度 4 mm	JC/T 976—2005
6	每浇筑一层锚体混凝土,沿锚杆与锚体混凝土分层交接面四周进行密封,前锚面与锚杆交界处密封	JC/T 976—2005

注:①JC/T 976—2005 为《道桥嵌缝用密封胶》(JC/T 976—2005)的简写。

隔离与防腐材料具体施工方法如下：

①锚杆的一般位置在工厂做好。

②螺栓接头位置的电弧热喷铝层在工厂做好，并满足抗滑移系数要求；其他的油漆及密封胶层待工地调整好锚杆，螺栓施拧完毕后在工地涂刷施工，且在锚体混凝土浇筑之前，螺栓接头位置用聚乙烯烃化学材料 PEF 和泡沫塑料等包裹平整、牢固。

超低模量高伸长率聚硫防腐密封胶涂刷范围为前锚面以上 20 cm 到与后锚梁连接处，包括凸出后锚梁的锚杆接头。

4.4　主缆柔性中央扣索和主梁梁端阻尼器

主桥跨中设置柔性中央扣索，有效减少跨中区域短吊索上下端纵向位移差，从而改善短吊索工作条件，减缓疲劳效应，提高吊索的使用寿命（图 4.12）。在加劲梁端部纵向设置具有初始阻尼力的阻尼器，约束加劲梁在地震等偶然荷载作用下的纵向位移，减缓加劲梁在日常行车条件下纵向移动的速度，改善伸缩缝及支座的工作条件（图 4.13）。

图 4.12　主缆中央扣索

图 4.13　主塔侧主梁梁端底部纵向阻尼器

4.5 钢箱梁采用油漆和抽湿双重防腐

鉴于重庆地区气候特点,钢箱梁采用防护寿命25年油漆涂装体系,面漆为四氟型氟碳面漆,总干膜厚度为300 μm(表4.3)。在钢箱梁梁内设置除湿系统,使箱内湿度小于50%,从而大大提高钢箱梁的使用寿命。

表4.3　钢箱梁防腐涂装

防腐位置	涂层	涂料品种	道数/最低干膜厚(μm)	备注
钢箱梁外表面	底涂层	鳞片型醇溶无机富锌涂料	2/70	涂装前,构件表面清理达 Sa3.0 级
	中间涂层	环氧云铁(厚浆)漆	(1~2)/150	—
	面涂层	第一道面漆:丙烯酸聚氨酯面漆	1/40	
		第二道面漆:四氟型氟碳面漆	1/40	
		总干膜厚度	300	
钢箱梁内表面	底涂层	鳞片型醇溶无机富锌涂料	2/60	涂装前,构件表面清理达 Sa3.0 级
	面涂层	环氧云铁(厚浆)漆	(3~4)/200	—
		总干膜厚度	260	
车行道钢桥面	底涂层	环氧富锌底漆	1/80	涂装前,构件表面清理达 Sa3.0 级
		总干膜厚度	80	

4.6 混凝土涂装防护

主塔、引桥及南锚体采用防护寿命20年油漆涂装体系,面漆为四氟型氟碳面漆,总干膜厚度为260 μm(表4.4、表4.5)。主塔的四氟型氟碳面漆同时具备自洁性能,通过雨水的淋洗达到自行清洁的功能,能长时间保证主塔清洁如新的外观状态,同时也提高了涂层和结构的防护性能。

表4.4　索塔混凝土表面涂层配套

涂层名称	配套涂料	涂层干膜最小平均厚度(μm)
底层	环氧树脂封闭漆	≤50
中间层	环氧云铁中间漆	140

涂层名称	配套涂料	涂层干膜最小平均厚度(μm)
面层	第一道面漆:丙烯酸聚氨酯面漆	30
	第二道面漆:四氟型高耐候自洁性氟碳漆	40

表 4.5　涂层配套体系性能要求

项目	技术指标	试验方法
人工加速老化 (1 000 h)	漆膜不起泡、不剥落、不粉化,允许变色 2 级、失光 2 级	《色漆和清漆　人工气候老化和人工辐射曝露　滤过的氙弧辐射》(GB/T 1865—2009)
涂层耐碱性 (30 d)	漆膜不起泡、不开裂、不剥落	《混凝土桥梁结构表面涂层防腐技术条件》(JT/T 695—2007)附录 B
涂层耐化学品性能 (240 h)	漆膜无变化	《涂料和清漆酸值的测定》(GB/T 9274—2008)
涂层与混凝土基面黏结强度	≥3.0 MPa 或混凝土拔出	《混凝土桥梁结构表面涂层防腐技术条件》(JT/T 695—2007)附录 B

4.7　排水系统设计

为防止桥面雨水直接流入江中,通过桥面横坡和纵坡将桥面雨水汇集到桥面纵向排水槽,引入两岸市政管道进行排放;主梁加劲梁两侧风嘴处桥面板下增加一个大 U 形纵肋兼做纵向排水槽用;引桥混凝土箱梁两侧也各设置有纵向混凝土排水槽,两侧接道路排水槽引入市政管道;排水槽在通过主塔处设置在人行道下部。

大桥排水槽布置如图 4.14、图 4.15 所示。大桥排水系统立面布置如图 4.16 所示。

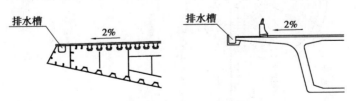

图 4.14　排水槽横向布置

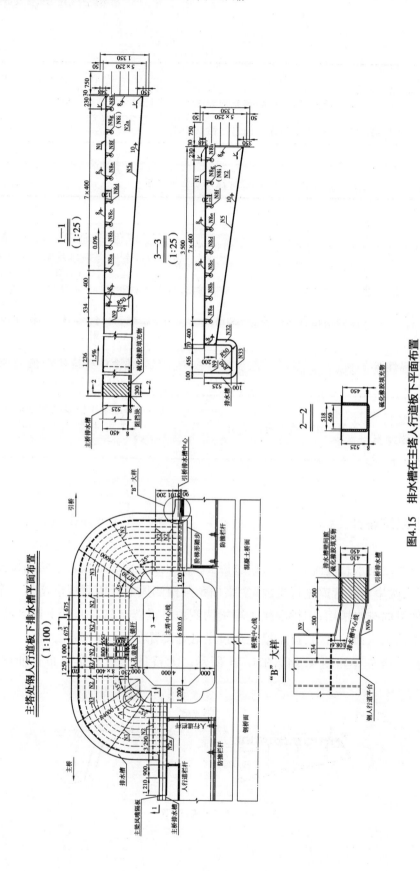

图4.15 排水槽在主塔人行道板下平面布置

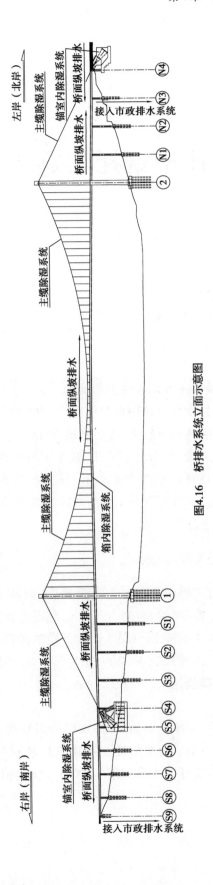

图4.16　桥排水系统立面示意图

第 5 章
索塔大横梁 H 型钢托架施工技术

5.1 H 型钢托架总体设计

5.1.1 概述

在悬索桥的设计中,横梁一方面承受上部荷载,另一方面将塔柱联系起来增加塔柱的整体性。横梁跨径大且设计位置距承台较高,采用常规落地支架法施工。支架搭设高度较高,钢材用量大,架体自重较大,支架基础处理较复杂。重庆寸滩长江大桥横梁施工采用新型 H 型钢托架施工,托架自重小,托架附着于塔柱上,架体高度小,不用做基础处理,施工工期短,具有良好的经济效益。施工托架采用设置在主塔上的提升支架装置整体提升滑移到位。横梁混凝土采用两次浇筑施工,为增强横梁与塔柱混凝土黏结力采用微膨胀混凝土施工。

5.1.2 钢托架设计与力学行为分析

大桥分为南北两主塔,主塔设下、中、上 3 道横梁,南北主塔横梁结构尺寸相同。其中,下横梁长为 33.2 m,宽为 8.0 m,高为 7.0 m,混凝土质量为 3 062 t,分两次浇筑成型,浇筑高度分为 3.5 m、3.5 m;第一层 3.5 m 下横梁自重为 1 752 t,第二层 3.5 m 下横梁自重为 1 310 t。中、上横梁长 33.2 m,宽为 5.0 m,高为 4.95 m(6.0 m),质量为 1 190 t(920 t),采用一次浇筑。

1)下横梁施工支架

主塔下横梁施工支架由 4 排托架和 12 排双层贝雷片组成,4 排托架纵桥向间距为 1.2 m+4.0 m+1.2 m。下横梁两端圆弧段采用 12 排新制支架与贝雷片连接。下横梁施工完成后,考虑将支架及贝雷片等倒用至中(上)横梁施工。下横梁施工支架布置如图 5.1 所示。

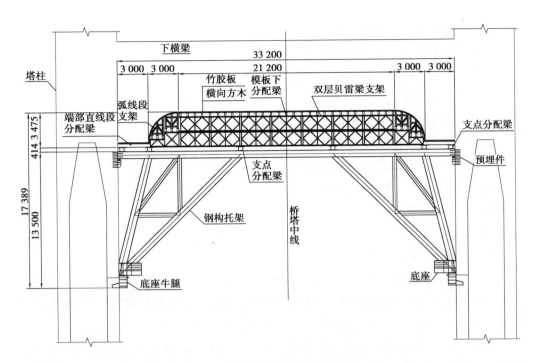

图 5.1　下横梁施工支架布置图(单位:mm)

结构设计计算时,主塔下横梁施工支架按实际结构进行建模,下横梁施工分为两次浇筑。当第一次浇筑混凝土达到 90% 设计强度和弹性模量后,穿预应力束并张拉至设计张拉力的 75%,再进行第二次混凝土浇筑。第二次浇筑时,考虑第一次浇筑的混凝土已参与受力,即第二次浇筑的混凝土自重由第一次浇筑混凝土和下横梁施工支架共同承受。

由于本桥下横梁为变截面,荷载沿下横梁托架跨度方向并不均匀,两次浇筑的荷载并不相等,但考虑下横梁跨度大,支架(跨中部分)承受二次浇筑的荷载基本相同,采用软件计算得第二次浇筑混凝土荷载分配系数为 42.1%。支架荷载按上横梁第一次浇筑混凝土总质量和第二次浇筑混凝土的 42.1% 取值加载。即第一次混凝土荷载为 1 752 t;第二次混凝土荷载为 552 t;侧模等施工荷载为 210 t;支架外荷载总计 2 514 t;支架自重为 280 t。

支架外荷载按下横梁顶、底板和腹板及横隔板位置进行加载,施工荷载按下横梁施工支架均匀加载。

在计算过程中,考虑混凝土沿横桥向浇筑得不均匀,即按一侧多加载 50 t,另一侧少加载 50 t 以验算支架的受力性能。

边界约束:托架与主塔接触处采用水平向和竖向约束模拟,钢靴与主塔接触处采用铰接模拟。

结构力学行为分析时,计算顺序如下:

①验算托架各截面应力、支点反力、挠度、拉杆抗拉性能、水平杆和斜杆局部稳定和整体稳定性;

②验算下横梁混凝土拉应力；

③验算分配梁 B、C 抗弯抗剪性能；

④验算贝雷片杆件轴力和整体挠度；

⑤验算分配梁 A 抗弯抗剪性能；

⑥验算分配梁 F 抗弯抗剪性能；

⑦验算直线段和弧线段应力；

⑧验算预埋件直锚筋总截面积及托架与预埋件焊缝连接性能；

⑨验算钢靴强度、位移和拉杆轴力；

⑩验算主塔局部应力；

⑪验算砂筒承载力。

2）中、上横梁施工支架

主塔中、上横梁施工支架由 3 排托架和 10 排单层贝雷片组成，3 排托架纵桥向间距为 2.2 m+2.2 m。中横梁两端设置 10 排弧线段支架与贝雷片连接，上横梁底面水平，仅设置贝雷片支架。中、上横梁施工支架如图 5.2、图 5.3 所示。

主塔中、上横梁施工支架按实际结构进行建模，支架荷载按中、上横梁自重的 1.1 倍预压。结构计算时，按横梁自重、4 kN/m² 的施工荷载、2 kN/m² 的模板荷载计算总荷载值或 1.1 倍横梁自重取较大者计，即中横梁施工支架承受的竖向荷载总计为 1 122 t，上横梁施工支架承受的竖向荷载总计为 1 230 t。

荷载加载时，考虑沿桥中线两侧混凝土浇筑不同步，加载时按桥中线一侧多加载 50 t，另一侧少加载 50 t 计。

由于上横梁施工支架与中横梁施工支架类似，结构受力大致相同，且通过计算对比，取二者受力较大者进行表述。

边界约束：托架与主塔接触处采用水平向和竖向约束模拟，钢靴与主塔接触处采用铰接模拟。

中横梁和上横梁结构力学分析与下横梁类似。

5.1.3　钢托架附着技术

重庆寸滩长江大桥横梁施工采用新型 H 型钢托架施工，是型钢拼装的桁架结构。单片架体在地面拼装完成整体吊装，架体自重较轻，便于整体提升。托架附着于塔柱上，横梁托架采用钢绞线张拉预压，预压加载按照施工荷载布置，最大限度与实际施工工况保持一致，确保托架预压效果的真实性，并使用附着在塔柱上的钢靴作为支架受力支承结构，整体高度小，不用做基础处理，施工工期短，具有良好的经济效益。施工托架采用设置在主塔上的提升支架装置整体提升滑移到位。根据计算机建模对成桥后工况分析结果，设置横梁施工支架的预抬值，使横梁在成桥后的工况符合设计要求。

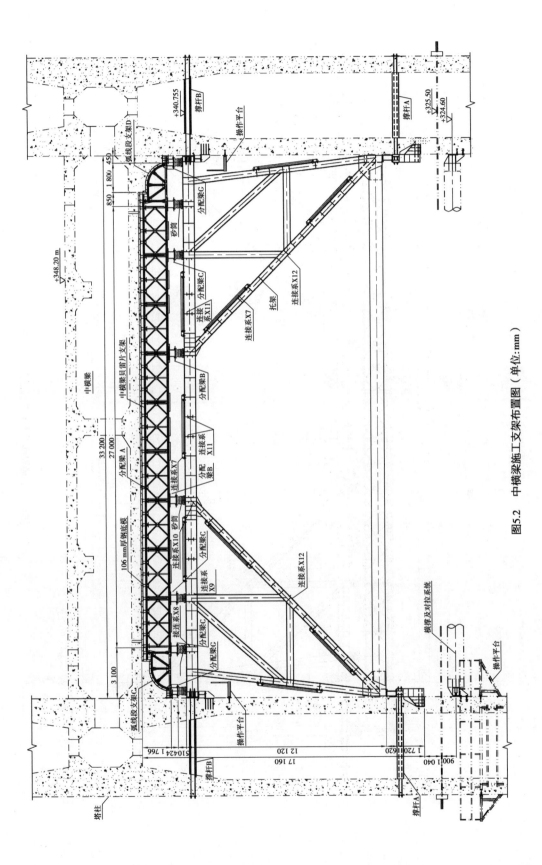

图5.2　中横梁施工支架布置图（单位：mm）

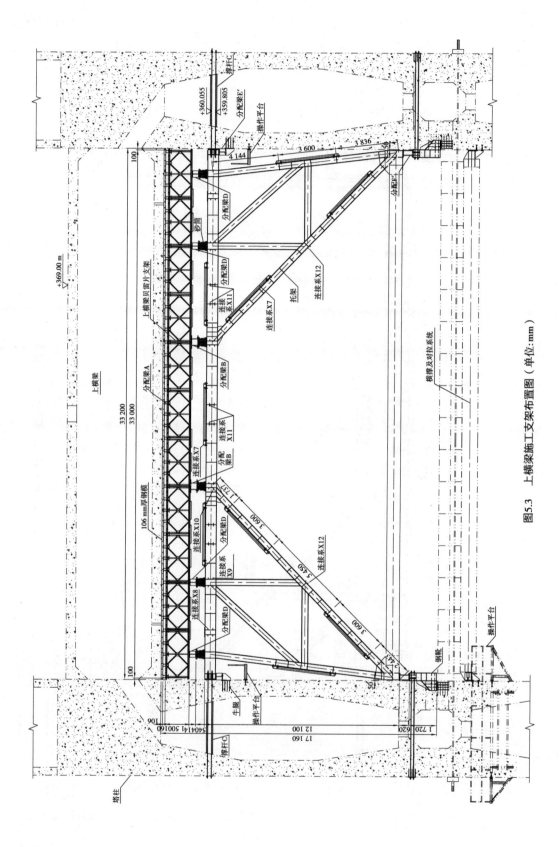

图5.3　上横梁施工支架布置图（单位:mm）

5.2 大横梁钢托架施工工法

5.2.1 施工工法特点

①杆件在工厂加工,现场拼装,便于精度控制以及构件运输。

②架体在地面拼装,在塔柱上设置提升装置,单片架体竖向整体提升横向滑移到位,减少了高空拼装作业工作量。

③塔梁异步施工,横梁主筋采用套筒在塔梁交接处全断面搭接。

④在塔柱上设置横撑对拉系统,确保横梁施工过程中塔柱线形稳定。

⑤横梁托架采用附着在塔柱上的钢靴作为支架受力支承结构。

⑥横梁混凝土分两次浇筑,预应力分次张拉,保证支架及结构的安全。

5.2.2 施工工艺原理

①托架是型钢拼装的桁架结构,单片架体在地面拼装完成整体吊装,架体自重较轻便于整体提升。

②托架依靠附着在塔柱上的钢靴作为受力支承结构。

③支架采用钢绞线张拉预压,预压加载按照施工荷载布置,最大限度与实际施工工况保持一致,确保托架预压效果的真实性。

④根据计算机建模对成桥后工况分析结果,对横梁施工支架设置预抬值,使横梁在成桥后的工况符合设计要求。

⑤采用两次浇筑分次张拉及自动压浆设备施工,确保支架及主体结构安全。

5.2.3 施工工艺流程

托架杆件在施工现场先进行单片三脚架组拼。三脚架组拼完成后,利用设置在塔柱上的提升支架将三脚架提升固定到托架拼装钢桩上,利用拼装托架对托架进行上弦杆与底部对撑钢桩安装。单片架体拼装完成后,利用提升支架进行提升,提升到位后进行横向滑移,依次将 4 片托架提升到安装位置。托架提升到位后,对托架进行抄垫固定。托架固定完成后,进行托架连接系的安装。托架安装完成后,对托架进行预压。最后,进行分配梁及贝雷梁安装。

横梁施工分两次浇筑施工,首次混凝土浇筑完成后进行养护,养护 5 天。首次浇筑混凝土强度和弹模达到设计的 90% 后,进行底部 4 束预应力筋的张拉;第二次浇筑混凝土强度及弹模达到设计的 90% 后,再进行剩余预应力施工。总体施工流程如图 5.4 所示。

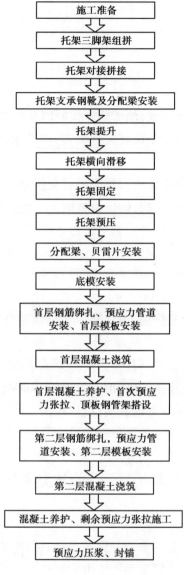

图 5.4　总体施工流程图

5.2.4　钢托架施工

托架拼装杆件在加工厂进行加工,加工完成后运输到现场进行拼装。拼装过程中,严格按照设计及施工规范进行施工。托架三脚架在现场拼装完成,检验合格后用履带吊吊到塔柱底,利用托架提升支架将三脚架提升到托架拼装钢桩上。在钢桩上进行托架顶部弦杆中间部分以及托架底部 $\phi800$ mm 钢管安装,利用提升支架系统将拼装完成的托架提升到安装标高位置,采用导链将提升到位的托架横移到安装位置。托架系统安装完成后对托架进行预压,预压加载完全根据施工荷载分布进行加载。预压采用钢绞线张拉进行加载,托架预压验收合格后进行分配梁及贝雷梁安装。

　　1）托架现场组拼

　　拼装场地根据托架拼装尺寸选择适宜的场地,对拼装场地进行硬化平整。托架拼装前,在拼装地面进行放线,按照托架杆件轴线在地面放出托架三脚架的大样;利用 20 t 的汽车吊将杆件吊装到拼装位置,按照地面拼装线将杆件摆放完成后进行杆件焊接施工(图 5.5)。拼装过程中,对焊缝质量进行检查。对不满足要求的焊缝进行补焊,架体翻身过程中注意对架体的保护。

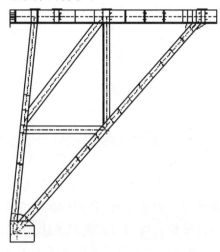

图 5.5　托架三脚架结构拼装示意图

　　托架三脚架拼装完成后,用汽车吊将三脚架起吊到对接拼装钢桩上,进行托架上弦杆对接和托架底部 ϕ800 mm 钢管安装(图 5.6、图 5.7)。三脚架在钢桩上固定好后,在钢桩顶安装导链对架体进行调整。调整过程中,测量人员对架体上弦杆进行测量,对架体的线形和标高进行调整,在调整过程中对架体底下进行抄垫。架体调整完成后进行上弦杆对接施工,上弦杆对接连接处进行等强连接。上弦杆对接完成后,进行托架底部钢管安装,ϕ800 mm 钢管与托架连接处采用焊接连接,钢管中间对接部位采用法兰连接。施工前将法兰接触面混凝土清除干净,确保法兰接触紧密。

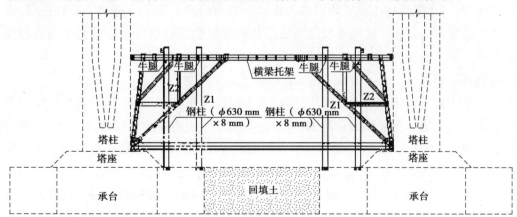

图 5.6　托架拼装立面示意图

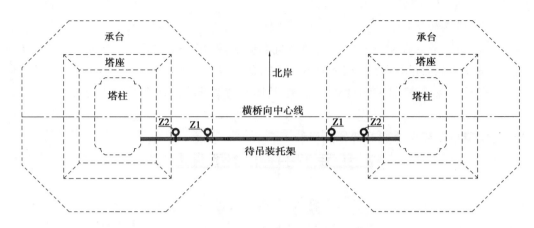

图 5.7 托架拼装平面示意图

2）托架提升

托架提升前先进行钢靴、托架、托架分配梁安装,钢靴安装前安装塔柱内支撑杆。钢靴与预埋件以及与塔柱侧面接触处进行抄垫,确保钢靴与塔柱接触平整密实。

钢靴是支架的主要受力结构,塔柱施工时需预留钢靴安装槽口,在槽口四周需安装加强钢筋,利用塔吊将钢靴吊至安装位置,利用钢板对钢靴底部和与塔柱接触处进行抄垫,将精轧螺纹穿过塔柱预埋孔将钢靴固定到塔柱上。

托架提升采用两台10 t的卷扬机和提升支架进行吊装,钢丝绳重卷扬机通过设置在塔座上的导向轮,再通过提升支架在架体上的转向滑轮经过滑梁上的定滑轮后与托架相连接。托架提升系统布置如图5.8所示。

安装两根缆风绳,以保持提升过程架体的平衡。提升过程中,保持两台卷扬机提升速度一致。架体提升到安装高度后,采用安装在提升支架上的导链拉动滑梁带动架体横移,将导链一端固定在提升支架滑梁上,另一端固定在导向梁上。横移时,两端导链同步进行,托架横移到位后缓缓下放钢丝绳。将托架下放到分配梁上,将托架与支撑分配梁接触的地方进行抄垫。安装上弦杆固定精轧螺纹钢筋,按照设计对精轧螺纹钢筋进行张拉,依次将托架安装完成。托架布置如图5.9所示。托架安装到位后,进行托架连接系的安装。连接系采用塔吊吊装到安装位置后用导链横移托架内进行安装施工。

3）托架预压

横梁托架安装完成后进行预压,预压采用钢绞线张拉预压,预压荷载为下横梁第一次浇筑时支架承受全部荷载的110%。下横梁第一次浇筑施工荷载为1 752 t,预压加载荷载为1 927 t。预压荷载的分布应模拟结构荷载及施工荷载分布情况布置。预压共使用12束钢绞线,预应力筋两端的锚具采用分配梁固定,托架预压布置如图5.10所示。采用ϕ^s15.2钢绞线,抗拉强度为1 860 MPa;每束钢绞线最大承载设计值为$F=N\times0.75\times\sigma\times A$;由托架边到跨中每束钢绞线根数分别为15根、16根、19根,从边跨到跨中每束钢绞线承载能力分别为293 t、312 t、371 t;每束钢绞线的加载荷载分别

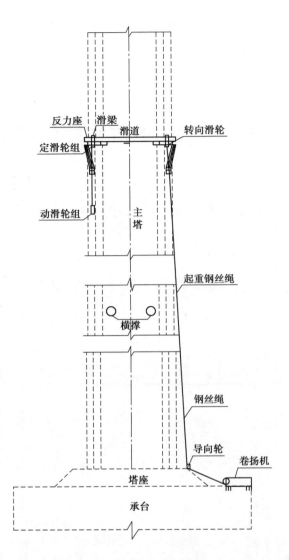

图 5.8　托架提升系统布置图

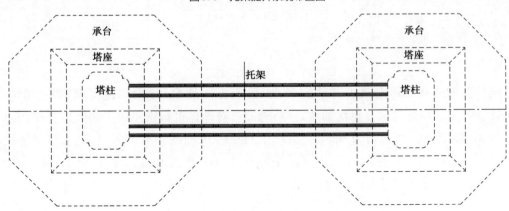

图 5.9　托架平面布置图

为 150 t、160 t、190 t,分配梁采用在承台上植筋的方式固定;预埋锚锚筋采用 JL32-PSb930,单根锚筋最大轴向承载力为 74 t(图 5.11)。

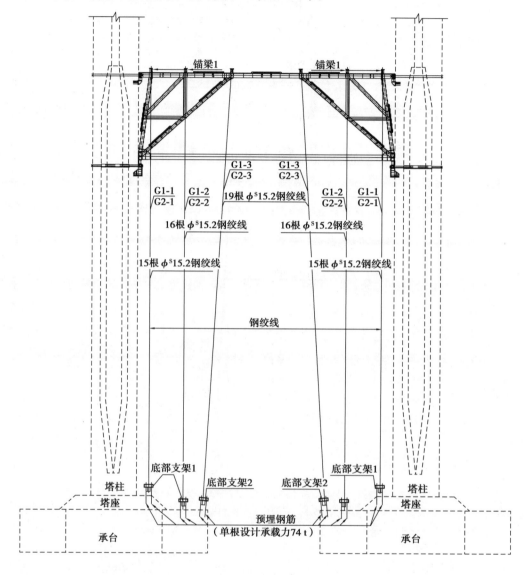

图 5.10 托架预压布置图

荷载加载从中间向两边对称加载,加载分 4 次加载,分别按施工荷载的 30%、70%、100%、110% 加载。每次加载后停止加载,对架体进行检测。当架体顶部检测点 12 h 的沉降量平均值小于 2 mm 时,方可进行下一级加载。当加载完成后,对架体进行检测。各检测点最初 24 h 沉降平均值小于 1 mm 或者最初 72 h 沉降平均值小于 5 mm 时,可判定架体合格。

架体判定合格后可卸载,卸载前在预压钢架上安装卸载分配梁,卸载分配梁穿过锚固精轧螺纹上部。在卸载分配梁顶部用螺帽进行锚固,在预压钢架的每个分配梁上分别安装一套卸载分配梁。在预压钢架分配梁与卸载分配梁之间安装 100 t 千斤顶,卸载时通过千斤顶与卸载分配梁对钢架分配梁的反作用力使钢架分配梁与其上部固定螺帽分离,将分配梁固定螺母拧松,千斤顶回油释荷。预应力束卸载由跨中向两边对称卸载,每次卸载 4 束钢绞线。卸载分配梁安装如图 5.12 所示。

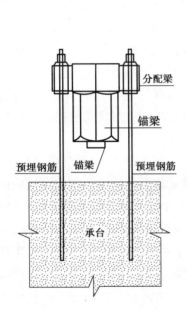

图 5.11　托架预压底部钢架结构图

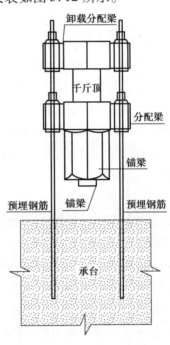

图 5.12　卸载分配梁安装示意图

4)砂筒安装

砂筒安装前,在地面对上下筒体分别进行混凝土灌注和干砂灌装,将上筒体混凝土灌注密实,灌注过程中进行人工振捣;下筒体所灌装干砂灌装前进行翻晒,确保砂子干燥。砂子灌装到设计位置后进行预压,预压完成后补装干砂。用塔吊将砂筒吊装到托架上,用螺栓将砂铜底板与托架上的砂筒支座板固定。砂筒结构如图 5.13 所示。

5)贝雷梁、分配梁、底模系统安装

贝雷梁在承台上先进行分列组拼,单列贝

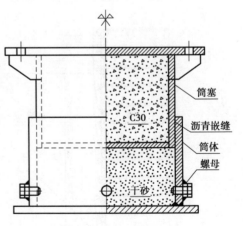

图 5.13　砂筒结构图

雷梁组拼完成后用塔吊进行吊装,将上下游塔吊钢丝绳分别在贝雷梁两端固定,利用塔吊将贝雷梁起吊到安装位置。贝雷梁吊装就位后,进行贝雷梁支承架安装。圆弧段支撑架分别利用塔吊单片吊装到托架上进行安装固定,圆弧段支撑架起吊到安装位置后与贝雷梁进行连接。

底模支承分配梁安装按照设计进行均匀布置。横梁底模安装过程中,对模板表面标高进行测量,对模板表面进行除锈涂刷脱模剂。

5.2.5 大横梁施工

1)钢筋、模板、混凝土施工

主塔塔柱与横梁施工采用异步施工,塔柱施工时需将横梁预应力管道和横梁主筋进行预埋。横梁主筋在塔梁交接面采用直螺纹套筒进行全断面连接,主筋预埋套筒需采取封闭措施,防止塔柱施工时混凝土将套筒螺纹堵塞。

横梁施工前,需根据塔柱施工需要在塔柱间安装横撑对拉系统。横撑系统采用 $\phi 1\ 000\ \text{mm}$ 钢管进行支撑,横撑钢管利用塔吊吊装到塔柱预埋托架上,利用千斤顶对钢管与塔柱之间进行顶撑。顶撑过程中,需对塔柱线形进行监测,顶撑完成后需对钢管与塔柱间进行抄垫。对拉系统采用钢绞线进行对拉,将对拉系统通过塔柱预留管道后在塔柱两端进行张拉。

横梁混凝土分两次浇筑施工,首次浇筑高度为 3.5 m,第二次浇筑高度为 3.5 m。为增强横梁混凝土与塔柱混凝土的整体连接,横梁施工前将塔柱与横梁接触面进行凿毛,并从底到顶依次每隔 25 cm 凿一道键槽(图 5.14)。在横梁混凝土浇筑过程中,距塔柱 1 m 范围内横梁混凝土采用微膨胀混凝土浇筑,微膨胀混凝土与普通混凝土交接面采用密目钢丝网隔离。混凝土浇筑时,在进行微膨胀混凝土浇筑后浇筑普通混凝土。横梁主筋塔柱段在塔柱施工时提前进行预埋,主筋在横梁与塔柱交接面采用直螺纹进行全断面连接。横梁施工前,将主筋预埋段端头凿出。钢筋施工严格按照设计及规范进行施工。钢筋施工过程中,做好相关预埋件安装。

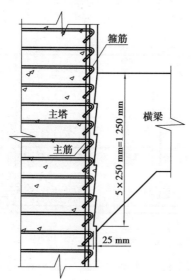
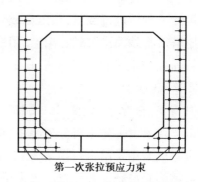

图 5.14　横梁与塔柱交接面键槽示意图　　图 5.15　横梁第一次张拉预应力束布置图

2）预应力施工

在横梁钢筋施工过程中,做好预应力管道预埋施工。管道接头部位用胶带进行密封,管道用定位钢筋进行固定。首次浇筑混凝土达到强度要求后张拉底部 4 束钢绞线(图 5.15),第二次浇筑混凝土强度达到要求后进行剩余钢绞线束的张拉施工。钢绞线下料完成后,将每束钢绞线绑扎成束。每束钢绞线穿束端用穿束器进行固定。钢绞线穿束时,先将单根引导钢绞线穿过横梁,将引导钢绞线的一端与钢绞线束连接,拖拉引导钢绞线使钢绞线束通过横梁。钢绞线在存放、下料过程中应注意保护,避免钢绞线被油污污染。钢绞线在现场存放时间不宜过长,避免钢绞线锈蚀。

横梁预应力张拉采用两端对称张拉,孔道压浆采用真空自动压浆机进行施工。

5.2.6　大横梁下放拆除

托架下放采用下放系统进行下放,下放系统主要由液压千斤顶、钢绞线、扁担梁组成。

在横梁施工过程中,设置好钢绞线下放孔位置,待横梁预应力施工完成后进行下放系统安装。下放钢绞线安装依次从上往下安装,钢绞线底部用锚具固定在扁担梁底。

托架下放前,需将托架和钢靴以及施工平台进行拆除,启动千斤顶将托架向上提升 5 cm,将托架钢靴及托架进行拆除。钢靴拆除后,固定在托架上整体下放,下放时需保持 4 台下放千斤顶步调一致。

托架下放到塔柱底后,需用缆风绳将托架进行固定防止托架倾覆。托架系统固定完成后,用塔吊将模板和贝雷梁进行拆除。

5.3　钢托架预压

5.3.1　钢托架预压目的

为保证横梁在浇筑混凝土后满足设计的外形尺寸及挠度要求,计算托架受力情况,论证托架的安全性,检验托架的整体稳定性及实际承载能力,测量各阶段变形量,克服混凝土浇筑过程中托架的不均匀沉降,避免横梁混凝土因托架不均匀沉降而出现裂缝,在浇筑横梁混凝土前必须进行托架预压。

5.3.2　预压方法及工艺流程

横梁托架预应工艺流程如图 5.16 所示。

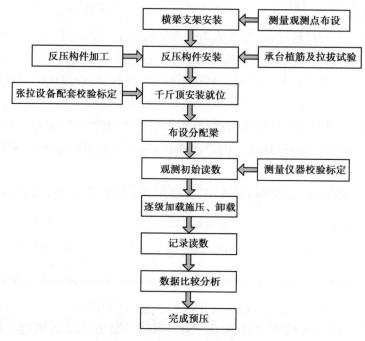

图 5.16　横梁托架预压工艺流程图

5.3.3　钢托架预压施工方案

根据横梁托架结构以及卸落砂筒的布置情况,利用千斤顶张拉钢绞线对托架进行预压,消除横梁托架的非弹性变形,得出横梁托架的弹性变形。通过在横梁托架上设置千斤顶及反压架,在承台上植筋并安装反拉装置(锚梁及分配梁),利用千斤顶对横梁托架进行分级模拟施压(分级加载按照 30%、70%、100%、110% 进行)。预压荷载为托架需承受全部荷载的 1.1 倍,预压荷载的分布模拟需承受的结构荷载及施工荷载,以得到横梁托架变形的各类技术参数,指导横梁施工。

1)托架预压荷载分析与计算

下横梁施工分两次进行,按照下横梁二次浇筑荷载分配、模板自重等施工荷载,计算得下横梁托架预压值为按二次浇筑荷载分配值的 1.1 倍,取 1 927 t。横梁托架预压反拉装置设计按预压值为 2 000 t 设计。

根据横梁托架砂筒的布置(即支架实际受力点位置),确定托架预压反拉点布置如图 5.17 所示。

托架预压共分 12 个反拉预压点,按照总预压荷载,托架张拉预压采用对称逐级张拉,张拉顺序为③→②→①,编号①点处张拉力为 150 t,编号②点处张拉力为 160 t,编号③点处张拉力为 190 t。

2)反拉锚固安装

(1)承台处反拉锚固

承台处反拉锚固立面布置如图 5.18 所示。根据第 5.1 节计算情况,承台处反拉锚固装置利用工字型钢材料焊接制作,此处为钢绞线反拉锚固端。

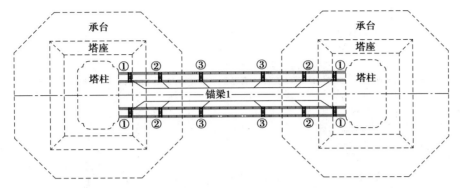

图 5.17　托架预压反拉点平面布置示意图

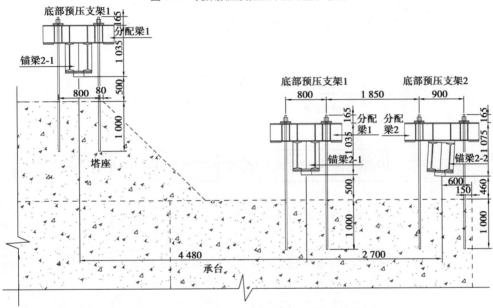

图 5.18　承台处反拉锚固立面布置图(单位:mm)

(2)托架处反拉锚固

托架处反拉锚固立面布置如图 5.19 所示。

根据第 5.1 节计算情况,托架处反拉锚固装置利用工字型钢材料焊接制作,此处为钢绞线反拉张拉端。

托架预压共分 12 个反拉预压点,张拉前需按要求安装完全部 12 处钢绞线束,按照总预压荷载,编号①点处张拉力为 150 t,编号②点处张拉力为 160 t,编号③点处张拉力为 190 t。托架张拉预压采用对称逐级张拉,张拉顺序为③→②→①;利用 400 t千斤顶对横梁托架进行分级模拟施压,张拉顺序为③→②→①,分级加载按照 30%、70%、100%、110% 进行。

3)托架分级预压加载、卸载流程

横梁托架分级预压加载流程如图 5.20 所示。

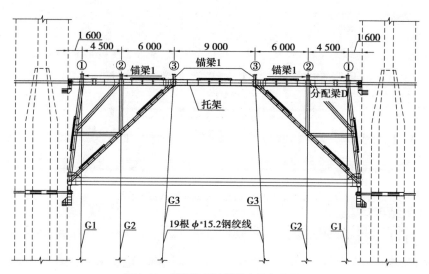

图5.19　托架处反拉锚固立面布置图

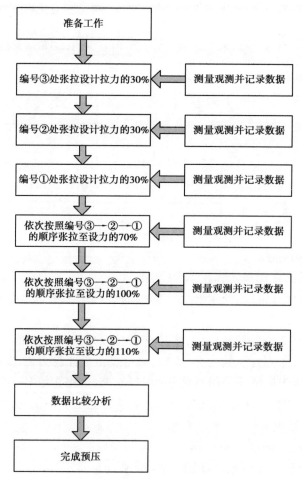

图5.20　横梁托架分级预压加载流程图

横梁托架分级预压卸载流程如图 5.21 所示。

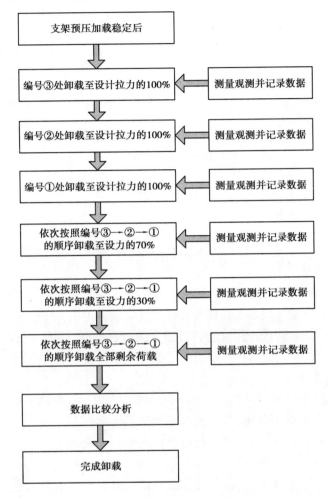

图 5.21　横梁托架分级预压卸载流程图

4）托架预压测量

根据横梁托架预压受力点及实际卸落砂筒布置情况,在托架上布置 12 个观测点。根据测点布置要求,张拉预压系统安装好后在托架上用红油漆标志以做测量标志,测点布置如 5.22 所示。

加载前应先测量出各观测点标高,然后开始加载。当加载到 30% 荷载时,观测测点标高变化并做好记录;继续加载至 70% 荷载时观测标高变化,测量各点标高变化;加载至 100% 荷载后侧各测点标高;继续加载至 110% 荷载时观测标高变化,测量各点标高变化,6 h、12 h、24 h 分别测量各测量点标高。

加载至 110% 并观测 24 h 后,预压沉降量观测平均值相差不大于 1 mm 时,认为托架预压已达稳定,可以卸载,卸载后再测量标高。

在整个加载过程中,派专人观察托架变形。如果托架变形过大或在分级加载中通过测量出标高变化过大,应立即停止加载,并上报相关部门。测量时,应通知监控单位到现场进行观测,施工单位和监控单位分别做独立观测。

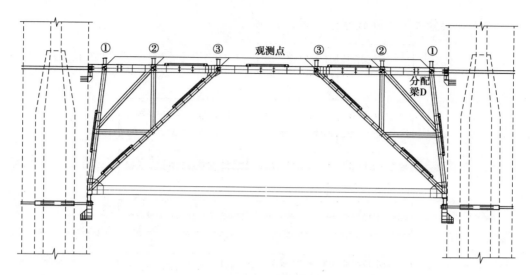

图 5.22　托架预压测点布置示意图

5）托架预压卸载

预压张拉持荷时间满足 24 h 后,测量人员观测完托架预压的最终变形后,即可进行分级卸载。通过利用千斤顶和工具锚板在横梁托架顶部退出工作锚板内的夹片,并根据油压表控制卸载荷载。卸载按张拉的逆过程分级对称卸载,技术人员在现场做好指挥,防止卸载过程中产生不均衡力。卸载过程中派专人进行指挥,采用对讲机进行通信。

6）托架预压注意事项

①对所有连接部位进行常规检查,对受力较大的部位进行详细检查。对检查出来的薄弱环节不符合要求等问题,及时整改和加强后方能预压。

②预压加载前,应对施工人员进行详尽的安全技术交底。

③所有高空作业人员必须戴安全帽,系安全带,穿防滑鞋。

④加载和卸载须逐级进行,每一级荷载稳定后开始下一级荷载。加载和卸载过程中,两边的托架均匀对称进行;单侧托架的上下游均匀对称进行,防止倾覆。反力架与托架平台用螺栓扣牢,避免滑移。

⑤若遇 5 级以上大风,为确保施工人员的人身安全,应停止预压。

⑥对于所有施工机械,安全用电应符合相关规范操作规程,杜绝违规操作,违规指挥。

⑦千斤顶及反力架采用塔吊进行吊装,所有机具在预压和卸载的吊装前在塔吊旋转半径施工区域内设置警戒线,无关人员撤离施工场地。吊装前检查是否捆绑牢固,检查合格后,并进行试吊。

⑧张拉预压开始前,首先检查千斤顶和油表是否在标定的有效期内,夹片是否安装牢固,钢绞线是否有损伤,检查均符合要求后才可以开始张拉预压。

⑨张拉用的夹片注意打蜡,以便于卸载时脱落。

⑩预压选在晴天或阴天进行,以防高空作业打滑,确保安全。

⑪张拉预压过程中,信号须清楚明确,用对讲机进行指挥,确保两侧悬臂端同时张拉。

第 6 章
主缆锚杆与混凝土非接触技术及工艺

6.1 概述

在悬索桥主缆锚固系统的设计中,常采用型钢结构锚固体系,在成桥后桥梁荷载通过主缆索股传递给锚杆,通过锚杆与锚梁将荷载传递给锚碇混凝土。锚杆为焊接型钢,在受力后会沿索股方向有一定的延伸量。在常规施工中,锚杆与混凝土直接接触黏结在一起,锚杆受力变形过程中会对混凝土产生拉应力导致混凝土被拉裂。通过采用具有超低模量超高伸长率聚硫密封胶对锚杆进行涂装施工,有效地降低了锚杆变形过程中对锚体混凝土的拉力。

6.2 锚杆涂装防护材料研究

6.2.1 锚杆防护方法

主缆锚固系统采用型钢锚固体系,由后锚梁和前锚杆组成。后锚梁埋于锚体混凝土内,前锚杆一端连接在后锚梁上,另一端伸出锚体前锚面,与主缆相连。主缆索股散开后,先与锚体前锚面外的锚杆连接,通过锚杆将主缆索股力沿主缆散开方向继续扩散后,再传给锚体后端的后锚梁,通过后锚梁的承压面将主缆索股力传给锚体混凝土。

锚杆处于大体积锚碇混凝土中,为不可检查不可更换构件。由于锚杆提前预埋在猫道混凝土中,锚杆承受的压力是索股挂设后逐渐加载的,锚杆受力后将伸长变形。为避免由于锚杆与锚体混凝土之间的黏结而导致锚杆周围混凝土受拉开裂,必须在锚体混凝土浇筑前,用可靠的隔离和防腐的高弹性材料盖裹于锚杆外围,再浇筑锚体混凝土。

锚碇在浇筑混凝土过程中由于产生热量、洒水养护、在与锚杆接触处可能有积水等原因,造成本身内部存在水汽,且锚碇大体积混凝土不可避免存在裂纹,外界水汽将进入锚碇使锚杆处于潮湿空气中进而产生腐蚀,存在安全隐患。

针对上述情况,要对锚杆做好防护措施,防止锚杆在使用过程中被腐蚀。传统的防护方法为油漆+PEF发泡材料,油漆防护等级较低,且油漆属于脆性材料易粉化、脱落。关键是锚杆伸长与混凝土之间必然产生滑移,其值达5 mm以上,油漆一般无法适应。

①PEF为发泡材料,发泡后形成一个独立的整体,只起到一定的包裹作用,其孔隙率较大水分子会不断渗透到发泡材料与锚杆之间进而腐蚀锚杆。

②PEF材料抗压能力低,在使用过程中易变形,在受力的情况下很容易从钢材上脱黏,造成钢材裸露,因而起不到隔断水汽、腐蚀介质入侵的作用,达不到防腐密封的效果。

③PEF受温度影响变形极大,而且耐老化性能与抗氧化性能很差,长时间使用由于自身的老化或氧化,达不到预期的防腐效果。

本桥的锚杆防护采用新型锚杆防护专用密封胶。这种锚杆防护专用密封胶是一种超低模量超高伸长率聚硫密封胶,具有性能稳定、不分解、不变质,长期受力不脱黏、不开裂,耐水、耐腐蚀性能稳定等特点,可长期保护锚杆不与外界水汽等腐蚀介质接触。合适的密封剂保护厚度可起到保护锚杆长期有效服务的作用,起到隔离、密封、防水、防腐的作用。

6.2.2　产品构成及反应原理

这种新型锚杆防护专用密封胶是一种聚硫基双组分弹性密封材料,A组分为基膏,是由特种牌号的液体聚硫橡胶、增塑剂、防水剂、补强剂等材料组成的白色、均匀细腻膏状物;B组分为硫化膏,是由固化剂、增塑剂、增黏剂、促进剂等材料组成的黑色、均匀细腻膏状物。

这种新型锚杆防护专用密封胶的骨架材料是进口的液体聚硫橡胶,其分子式为$HS(C_2H_4OCH_2OC_2H_4SS)n—C_2H_4OCH_2OC_2H_4SH$,分子链为饱和的C—C键和S—S键,且支链末端含有活泼的端巯基(—SH)。它具有良好的耐溶剂、耐老化、耐冲击性能,以及较低的透气率和优良的低温挠曲性。MF-840F(双组分聚硫防腐密封胶)的固化是由A组分中的液体聚硫橡胶(R—SH)和B组分中的固化剂(金属过氧化物等)发生化学反应成为网状结构的弹性体。化学反应式为:$2R—SH+PbO_2 \rightarrow \sim RSSR \sim +PbO+H_2O$。

6.2.3　配方研究

1)原料的选择

(1)液态聚硫橡胶的选择

液态聚硫橡胶是聚硫密封胶的骨架材料,自1943年由美国THIOKOL化学公司研制成功以后,已有几十个牌号的产品。不同牌号的产品的分子量、交联度、硫醇基含量等技术指标有较大差别,因而应用的范围也不同。本项目使用的液体聚硫橡胶均为国外进口。根据多年从事聚硫密封胶研究的经验,并经过正交试验,根据其综合性能选定液态聚硫橡胶的牌号及最佳用量。

（2）增塑剂的选择

增塑剂是密封胶的关键材料之一，其主要作用是削弱密封胶中聚合物的分子间力，增加聚合物分子链的活动性，从而改善密封胶的物理机械性能。好的增塑剂应具有良好的相容性和稳定性，即增塑剂能与密封胶形成均一、稳定的体系，在贮存过程中不分层、不离析，固化后不迁移、不挥发。防水密封胶的黏结基材多为水泥、石材等多孔性材料，增塑剂的选择不当易对基材造成污染。经过大量试验，本项目选用相容性好并能与密封胶形成均一、稳定体系且对基材无污染的特殊增塑剂，并通过大量试验确定最佳用量。

（3）防水防腐材料的选择

根据锚杆在使用过程中所处的复杂情况，这种新型锚杆防护专用密封胶要求具有优良的防水防腐性能。因此，本项目选择防水防腐性能较好的助剂，并添加特殊的增黏剂，使这种新型锚杆防护专用密封胶具有较好的耐水性、较大的伸长率、较低的模量，能承受较大的位移变形能力，能满足锚杆在使用过程中滑移量的要求。

（4）填料的选择

填料是密封胶的重要配合剂之一，有补强、改善黏度、改善密封胶施工工艺性能的作用。普通的聚硫密封胶多采用碳酸钙类、陶土类填料。这种类型的填料不能赋予密封胶较好的防水防腐性能。因此，本项目选用防水防腐性能较好的填料，并通过大量试验确定防水防腐型填料的种类及最佳用量。

2）配方的选择

原材料选定以后，通过大量试验确定各种原料之间的配比关系，根据密封胶的硫化性能、防水性能、黏结性能等综合性能确定能满足标准要求的最佳配方，通过重复试验确认该配方的可行性，并通过高温（50 ℃）加速贮存，确认该配方的贮存稳定性。

6.2.4　主要性能研究

1）黏度

黏度是密封胶施工过程的关键指标。黏度过大，密封胶不易混合，造成人力、动力的浪费；黏度过小，涂胶时容易流淌，不能在锚杆表面形成良好的光滑平面。所以，这种新型锚杆防护专用密封胶要求有合适的黏度，以便于施工。黏度测试仪器如图6.1所示。

2）流动性（下垂度）

流动性（下垂度）是指密封胶在一定温度下的流动程度。

这种新型锚杆防护专用密封胶分为自流平型和非下垂型两种，自流平型新型锚杆防护专用密封胶要求流动性好，流动性光滑平整；非下垂型的下垂度应不大于 3 mm。如果密封胶的下垂度过大，施工时不好施工。

下垂度按《建筑密封材料试验方法　第 6 部分：流动性的测定》（GB/T 13477.6—

2002)规定试验。将制备好的试件立即垂直放置在(70±2)℃或(50±2)℃或(5±2)℃,放置24 h,然后在垂直方向量试样从底面往延伸端向下移动的距离。下垂度测试设备如图6.2所示。

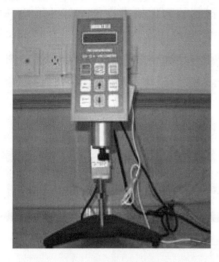

图6.1　黏度测试仪器

图6.2　下垂度测试设备

3)适用期

适用期是指单组分密封胶在原包装打开后或多组分密封胶按比例混合后,到黏度增加至不适宜施工和修整的时间。

适用期过长或过短均会对密封胶的施工工艺性能产生影响。适用期过长,密封胶的硫化速度过慢,影响施工进度;适用期过短,密封胶的硫化速度过快,混合后的密封胶来不及施工即发生固化,从而造成浪费。因此,这种新型锚杆防护专用密封胶应具有合适的适用期,经过反复试验,适用期确定为不小于40 min。

适用期的测试方法如下:按比例称取 A、B 两组分胶样,在短时间内将密封胶混合均匀并记录时间,间隔一定时间用挑针挑混合后的胶样表层,记录回弹明显时的时间,该过程所用时间即为适用期。适用期测定如图6.3所示。

图6.3　适用期测定

4)表干时间

表干时间是指密封材料表面失去黏性的时间。表干时间与密封胶的施工环境、B组分的用量等因素有关。表干时间反映了密封胶硫化速度的快慢。经过多次试验,确定这种新型锚杆防护专用密封胶的表干时间不小于2 h。

5)弹性恢复率

弹性恢复率是指密封胶在释去所施加引起变形的外力后,恢复原来形状和尺寸的能力,也表征了胶固化后能承受位移的能力。这也是密封胶一项比较重要的性能。

测定弹性恢复率时,将密封胶黏结在两个平行的表面之间,制成试件,将试件拉伸至规定宽度,在规定时间内保持拉伸状态,然后释放,以试件在拉伸前后宽度的变化表示弹性回复率(以伸长的百分比表示)。其实验方法见《建筑密封材料试验方法 第17部分:弹性恢复率的测定》(GB/T 13477.17—2002),如图6.4所示。

图6.4 弹性恢复率测定

6)拉伸模量

拉伸模量是指密封胶在相应伸长率的强度。它反映了这种锚杆防护专用密封胶在给定基材上的黏结性能,如图6.5所示。其实验方法见《建筑密封材料试验方法 第8部分:拉伸黏结性的测定》(GB/T 13477.8—2002)。

制作好的工型试片在标准状况[温度为(23±2)℃,相对湿度为(50±5)%]下养护14天,然后进行拉伸(图6.5)。拉伸速度为6 mm/min,直接可得出最大强度及最大强度下的伸长率。锚杆在使用过程中有相对位移,要求伸长率较大。按照实际使用需要,这种新型锚杆防护专用密封胶的伸长率不小于600%。

7)冷拉-热压后黏结性

锚杆的使用环境在室外,四季变换会引起温度的变化。冷拉-热压后黏结性反映了在-20 ℃±2 ℃和70 ℃±2 ℃条件下,这种新型锚杆防护专用密封胶试样经过反复的冷拉-热压后的黏结性能。

冷拉-热压后黏结性的测定是将该种新型锚杆防护专用密封胶黏结在两个平行基材的表面之间,制成试件,使试件在规定的高温和低温条件下经受拉伸-压缩循环后,

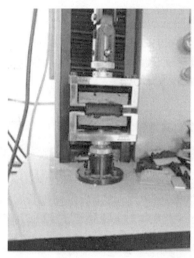

图6.5 试样拉伸性能

检查其黏结或内聚的破坏情况,如图6.6至图6.8所示。其试验方法见《建筑密封材料试验方法 第13部分:冷拉-热压后黏结性的测定》(GB/T 13477.13—2002)。

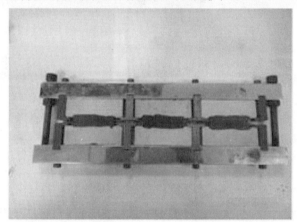

图6.6 制作好的试样

图6.7 -20 ℃下拉伸　　　　　　　　图6.8 70 ℃下压缩

8）水-紫外线光照后拉伸黏结性

太阳光中对密封胶破坏最严重的就是紫外线的照射，故增加了密封胶水-紫外线光照实验后试样的拉伸黏结性。将养护好的试样放入水-紫外线辐照试验箱中照射300 h（胶面朝向紫外光，紫外箱中水面覆盖密封胶，每间隔 24 h 翻转试样），试样取出后在标准条件下放置 24 h，然后按《建筑密封材料试验方法　第 8 部分：拉伸黏结性的测定》（GB/T 13477.8—2002）的规定试验，记录最大拉伸黏结强度和断裂伸长率，以验证密封胶的抗紫外老化能力，如图 6.9 所示。

图 6.9　水-紫外线辐照试验箱

9）质量变化率

质量变化率是指按规定条件养护的试样，经室温和升温处理后，测试并记录处理前后试样质量的变化情况。质量变化率反映了密封胶内可挥发物质的多少。其实验方法见《建筑密封材料试验方法　第 19 部分：质量与体积变化的测定》（GB/T 13477.19—2002）。

10）盐雾试验和酸雾试验

根据这种新型锚杆防护专用密封胶的实际使用部位，增加了盐雾试验和酸雾试验。试验方法如下：把养护好的试样分别放入盐雾箱和酸雾箱中，老化 480 h 和 20 个循环后取出，观察密封胶是否有变质，粉化、变硬或变软现象，密封胶覆盖下金属有没有腐蚀，如图 6.10 至图 6.12 所示。

图 6.10　酸雾试验箱

图 6.11　盐雾试验箱

图 6.12　盐雾试验后的腐蚀情况

11）定伸黏结性

定伸黏结性是指密封胶在制指定伸长率情况下与基材的黏结性能。其测定是将密封胶黏结在两个平行基材的表面之间，制成试件，将试件拉伸至规定宽度（原始宽度的 100%），并在标准状况下保持 24 h，测定并记录密封胶黏结或内聚的破坏情况。其试验方法见《建筑密封材料试验方法　第 10 部分：定伸黏结性的测定》（GB/T 13477.10—2002）。

12）浸水后定伸黏结性

浸水后定伸黏结性的测定是将密封胶试样黏结在两个平行的表面之间，制成试验试件和参比试件，将试验试件浸入（23±2）℃蒸馏水中 4 天，在标况下放置 1 天，将试验试件和参比试件拉伸至原始宽度的 100%，并保持拉伸状态 24 h，测定并记录密封胶黏结或内聚的破坏情况。其试验方法见《建筑密封材料试验方法　第 11 部分：浸水后定伸黏结性的测定》（GB/T13477.11—2002）。

13）剪切性能试验

锚杆使用过程中要产生滑移，有密封胶和混凝土之间的剪切运动。根据实际使用需要，增加了剪切性能试验。剪切性能反映了这种新型锚杆防护专用密封胶在剪切拉伸的状态下的黏结性能，得到密封胶的剪切强度和剪切运动下的伸长率，如图 6.13 至图 6.15 所示。

图 6.13　制好的工型试样

图 6.14　拉力机剪切试验

图 6.15　剪切拉伸后的试样

6.2.5　研究成果

经过多次的试验,本项目研制成功了这种新型锚杆防护专用密封胶。经检测,其性能完全符合标准要求,有良好的弹性和优异的耐老化性能,是锚杆防护工程理想的材料。其除能应用于桥梁的锚杆防护工程,还能应用于桥梁上需要变位能力较大的结构密封。其具体性能指标如表 6.1 所示。

表 6.1　新型锚杆防护专用密封胶性能指标

序号	项目			技术指标
1	流动性	下垂度[a]	垂直方向	≤3 mm
			水平方向	无变形
		流平性[b]		光滑平整
2	适用期			≥40 min
3	表干时间[c]			≥2 h
4	弹性恢复率			≥70%
5	拉伸黏结性	拉伸模量	23 ℃	≤0.4 MPa
			−20 ℃	≤0.6 MPa
		23 ℃ 断裂伸长率		≥600%
6	定伸黏结性			无破坏
7	浸水后定伸黏结性			无破坏
8	冷拉-热压后黏结性			无破坏
9	水-紫外线光照试验(300 h)	拉伸黏结强度		≤0.4 MPa
		断裂伸长率		≥450%

续表

序号	项目	技术指标
10	质量变化率	≤5%
11	盐雾试验(480 h)	密封胶不变质,无粉化、变硬或变软现象,密封胶覆盖下金属不腐蚀
12	酸雾试验(20 个循环)	密封胶不变质,无粉化、变硬或变软现象,密封胶覆盖下金属不腐蚀

注:a. 适用于非下垂型产品。

　　b. 适用于自流平型产品。

　　c. 可根据客户需要调整。

6.3　密封胶性能模拟验证试验

6.3.1　试验目的

①研究及验证聚硫防腐密封胶涂装工艺。

②验证聚硫防腐密封胶的弹性变形及力学性能。

③验证聚硫防腐密封胶与锚杆和混凝土的黏结力。

④得出聚硫防腐密封胶变形与锚杆拉力(N-d)的关系。

6.3.2　试验方案

为能更好地为实体试验准确提供相关参数,验证密封胶在实体结构锚杆中的密封隔离性能,特设计模型试验。模型混凝土试块尺寸为 1 m×1 m×1 m,在模型中埋设 3 根 I20a 工字钢,型钢表面涂抹 4 mm 厚新型聚硫型锚杆专用防腐密封胶,对型钢进行拉拔试验,将型钢拔出 7 mm,观察密封胶是否破损,测试在混凝土中是否传递较大拉应力。模型试验试件如图 6.16 所示。

6.3.3　试验过程

按照涂装工艺对试验工字钢锚杆进行喷砂除锈、油漆涂装及聚硫防腐密封胶的涂装。涂装完成后,将试验锚杆和锚碇同等级的混凝土一起浇筑并养护;浇筑混凝土前,沿拉力方向预埋置振弦式应力计。待养护结束后,安装张拉反力架,采用穿心式千斤顶进行试验锚杆的拉拔试验,如图 6.17 所示。详细记录张拉力以及聚硫防腐密封胶变形量,同时读取对应的振弦式应力计读数。

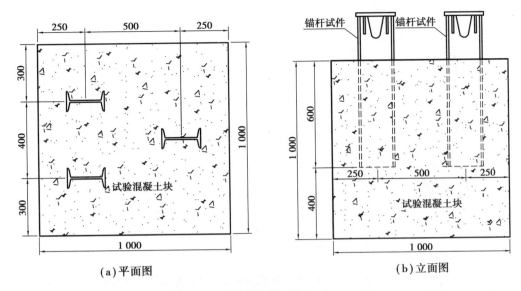

图 6.16　锚杆模拟试验试件(单位:mm)

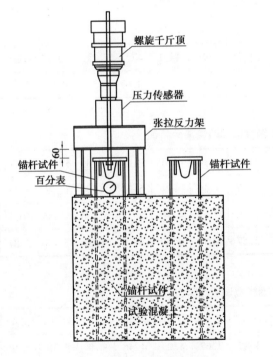

图 6.17　模拟试验张拉示意图

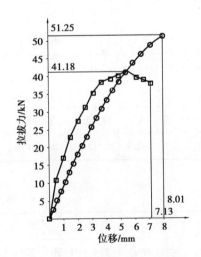

图 6.18　第一根工钢拉力与位移曲线

6.3.4　试验结果分析

通过对模拟拉拔试验结果分析,在达到试验设计的荷载时密封胶与锚杆和混凝土的黏结情况良好,密封胶的伸长量满足设计要求。通过对试验数据的分析得出密封胶变形量与锚杆拉力的关系,如图 6.18 至图 6.20 所示,试验结果如表 6.2 至表 6.4 所示。

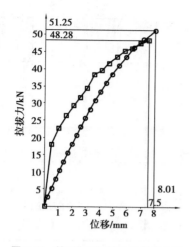
图6.19 第二根工钢拉力与位移曲线

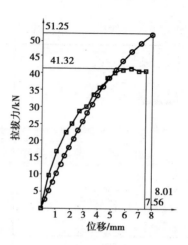
图6.20 第三根工钢拉力与位移曲线

表6.2 第一根工钢模拟试验结果分析表

理论值	拉拔力(kN)	12.8	22.45	28.85	35.25	38.45	44.85	48.05	51.15	54.45	57.65
	位移(mm)	1.1	1.99	2.63	3.31	3.67	4.46	4.9	5.38	5.9	6.49
实测值	拉拔力(kN)	13.5	21.35	28.5	34.25	39	44.1	47.7	49	50.15	51.5
	位移(mm)	0.46	1	1.51	2.06	2.56	3.12	3.67	4.31	4.87	5.54

表6.3 第二根工钢模拟试验结果分析表

理论值	拉拔力(kN)	22.45	28.85	32.05	35.25	38.4	44.85	48.05	51.15	54.45	57.65	60.85
	位移(mm)	1.99	2.63	2.96	3.31	3.67	4.46	4.9	5.38	5.9	6.49	7.18
实测值	拉拔力(kN)	22.45	28.3	33.05	36.5	39.6	43.05	47.9	49.65	52.35	54.45	56.7
	位移(mm)	0.52	1.06	1.6	2.1	2.57	3.08	3.62	4.12	4.65	5.25	5.81

表6.4 第三根工钢模拟试验结果分析表

理论值	拉拔力(kN)	12.8	19.2	28.85	32.05	35.25	38.45	41.65	44.85	48.05	51.15	54.45
	位移(mm)	1.1	1.69	2.63	2.96	3.29	3.67	4.05	4.46	4.9	5.38	5.9
实测值	拉拔力(kN)	12.2	20.8	27.95	31.3	36	37.55	42	44.45	48.05	50.2	51.2
	位移(mm)	0.54	1.11	1.77	2.22	2.75	3.27	3.76	4.24	4.79	5.32	5.87

6.4 主缆锚固系统锚杆与混凝土防黏结处理施工工法

6.4.1 工法特点

①密封胶具有超低模量性能,锚杆受力变形延伸带动密封胶变形。密封胶具有超低模量,在相同的应变下密封胶产生的应力较小,最终传递给混凝土的应力就大大降低,由此减少混凝土的应变量防止混凝土产生裂缝。

②密封胶具有超高伸长率性能,锚杆在成桥荷载下变形伸长。经试验验证,密封胶在锚杆的变形带动下产生同等的应变量,密封胶与锚杆和混凝土之间的黏结良好未产生胶体剥离的现象。

③密封胶涂装施工对施工环境和施工设备无特殊要求,既可在工厂进行涂装,也可以在施工现场涂装。

6.4.2 施工工艺原理

密封胶研制完成后对密封胶进行模拟验证试验。密封胶经模拟试验验证满足要求后,即可用于锚杆涂装。杆件在涂装前需进行涂装面的处理和清洗,涂装面清洗完成后进行密封胶涂装。锚杆非节点板区域在工厂里涂装完成后运输到施工现场。锚杆节点板区域需待锚杆拼接完成后在施工现场进行涂装。涂装完成后即可进行锚体混凝土浇筑。

6.4.3 工艺流程及操作要点

密封胶性能模拟验证试验工艺流程如图6.21所示。

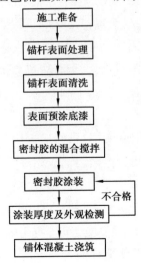

图6.21 密封胶性能模拟验证试验工艺流程图

1）总体施工方案

为消除锚杆变形对混凝土的影响,锚杆在锚体混凝土内部分锚杆外表面都需进行密封胶涂装。密封胶涂装区域为锚杆伸出前锚面 20 cm 以下的锚杆外表面所有区域。锚杆密封胶涂装分两部分施工,非连接板部位可在锚杆油漆施工完成后直接在工厂进行涂装施工,连接板部位需待现场锚杆拼装完成后再进行密封胶涂装施工。

2）锚杆表面处理

锚杆防腐中间漆施工完成后需对锚杆表面进行清理,将表面的油污及相关的附着物进行清理。表面清理的质量直接影响到密封胶的表面质量,对涂层与密封胶之间的结合力有至关重要的影响。

为取得良好的防腐和黏结质量,锚杆表面清理完成后对锚杆表面涂层进行拉毛处理,使光滑的涂层表面产生相对粗糙和毛糙的状态,从而提高密封胶与涂层的黏结力（图6.22）。

图6.22　锚杆表面粗化

3）表面清洗

拉毛后,涂装表面应进行清洗、干燥。清洗的步骤如下:先用硬板刷或其他清扫工具除去表面上的灰尘等杂物,然后用清洁布或脱脂棉纱蘸清洗溶剂（二甲苯）沿同一方向擦拭,除去表面上的油污和盐渍等污物,直至清洁布上无明显污迹为止（图6.23）。

不允许清洗溶剂在涂装表面上自然干涸。清洗表面应始终大于涂装表面。

4）表面预涂底漆

用清洁布或脱脂纱棉蘸专用底漆擦拭,然后再用清洁布或脱脂纱棉擦干。不允许清洗溶剂在涂装表面上自然干涸。擦拭表面应始终大于涂装表面。

5）密封胶搅拌混合

①根据比例将称量好的锚杆防护密封胶 A、B 两组分放置在一个金属或其他材料的容器中（图6.24、图6.25）。大面积施工时,使用电动搅拌设备对密封胶进行搅拌混合;小面积施工时,采用人工手动搅拌混合。

②为保证锚杆防护密封胶充分混合,在混合密封胶时可先在中心部位进行混合,

图 6.23　锚杆表面清洗

然后移至边部,按顺时针或逆时针方向沿周边移动混合。

③混合密封胶时应认真进行混合,达到无色差充分混合均匀为止。

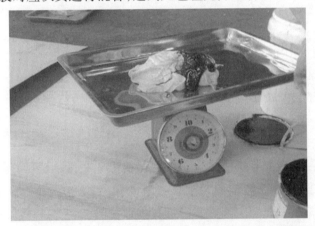

图 6.24　密封胶质量配比

图 6.25　密封胶 A 组分与 B 组分混合

6)非连接板部位密封胶涂装

①密封胶施工前,应对不涂胶的部位进行重点保护,对连接板区域喷铝摩擦面进

113

行保护。

②密封胶的施工应连续均匀地操作完成,整个施工过程应在密封胶活性期内完成。

③用专用刮刀将密封胶刮涂到锚杆表面,分 3~4 道刮涂。因温度较低,为保证黏结,第一道均匀地刮涂到密封胶 1 mm 厚,使其快速固化与锚杆黏结。

④进行第二遍滚刷或涂抹之前,要保证第一遍密封胶固化完全。固化时间根据气温的变化有差异,夏季固化时间为 4~8 h,冬季固化时间为 8~24 h。

⑤第三道对密封胶表面进行修整,使其厚度达到 4 mm,表面基本光滑平整。

7)连接板区域密封胶涂装

连接区域密封胶涂装应分步进行。锚杆与锚杆之间的节点板区域待锚杆在地面对接完成高栓施工后即可进行密封胶涂装,锚杆与锚杆接头连接板区域需待锚杆吊装到位高栓施工完成后进行涂装。连接板区域密封胶涂装施工工艺与非连接板区域密封胶涂装施工工艺相同。

8)涂装修复

密封胶在活性期内损坏、有缺陷或尺寸不够的,可直接补涂密封胶并整形或剔除缺陷后补涂密封胶进行修复。超过密封胶活性期损坏及有缺陷或尺寸不够的密封胶,使用手术刀或裁纸刀从表面一直切割到结构表面,重新涂装密封胶。修补的密封胶略有重叠,外形相符,对尺寸不足的密封胶,按要求重新涂覆。

9)锚杆与混凝土浇筑面处理

锚体混凝土在立面上分层浇筑。每次浇筑混凝土凝固后,需对锚杆与混凝土浇筑面交接处进行处理,用密封胶沿着锚杆与浇筑面交接线进行涂装,防止在施工期间雨水或养护水沿着锚杆与混凝土间的缝隙进行渗透。

6.4.4　质量控制

1)执行规范

按《锚杆防护专用密封胶》(Q/ZZY 025—2012)、《悬索桥主缆系统防腐涂装技术条件》(JT/T 694—2007)相关规定执行。

2)质量检验及试验

(1)密封胶混合均匀性检查试验

该试验目的是检查密封胶的混合均匀性。试验方法如下:

①取一张白色厚纸,尺寸约为 216 mm×280 mm,沿长边将纸对折后展开。

②在折痕中间挤注长约 200 mm 的密封胶[图 6.26(a)],然后叠合起来[图 6.26(b)],挤压纸面使密封胶分散成半圆形薄层,然后把纸打开观察密封胶[图 6.26(c)、(d)]。

③如果密封胶颜色均匀,则密封胶混合较好,可用于使用;如果密封胶颜色不均匀或有不同颜色的条纹,说明密封胶混合不均匀,不能使用。

④如果密封胶混合均匀程度不够,需重新取样,重复上述步骤。

⑤保存并标记测试的样品,记录测试用胶批号、测试日期及其他有关信息,纳入质量控制记录,以便将来查询。

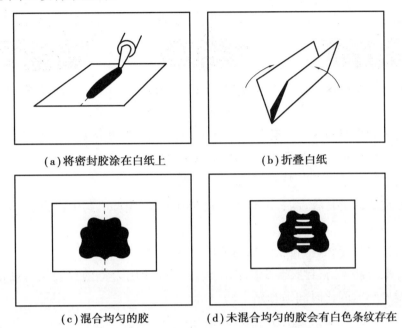

(a)将密封胶涂在白纸上   (b)折叠白纸

(c)混合均匀的胶   (d)未混合均匀的胶会有白色条纹存在

图 6.26　密封胶混合均匀性检查试验示意图

(2)拉断试验

拉断试验用于测试密封胶混合后的固化速度是否符合技术要求。拉断试验方法如下:

①取容量约 180 mL 的纸杯一个,将混合好的密封胶取 2/3 ~ 3/4 纸杯。

②取一根细木棒,将木棒插入纸杯中心,开始计时。

③每过 5 ~ 10 min,拉一拉小木棒。

④从纸杯中提起木棒抽拉密封胶时,如果提起的密封胶呈线状[图 6.27(b)],不发生断裂,说明密封胶未达到拉断时间,应继续测试直至密封胶被拉扯断[图 6.27(c)],记录纸杯注入密封胶到拉断的时间,即为密封胶的拉断时间。

⑤拉断时间会因 A 组分和 B 组分的混合比例不同而有所不同。环境温度、湿度也会影响到拉断时间。如果密封胶的拉断时间低于规定范围(适用期),应检查确定密封胶是否过期,确定是否需要调整混合比例等。

⑥将试验编号、拉断时间、日期、密封胶批号、其他有关信息,纳入质量控制记录,以便将来查询。

(3)剥离黏结性试验

在施工过程中,必须对基材进行黏结性测试,以作为检验黏结性的一种方法。这种测试是非破坏方式下的连续性监控黏结性的一种可行方法。测试方法如下:

(a)混合的结构胶　　　　　(b)提拉结构胶至固化　　　　　(c)结构胶被拉断

图6.27　拉断试验测试示意图

①取与工程用材料完全一致的一块基材,通常采用装配过程中剩余的边角料。

②按照工程要求清洗黏结表面,如果需要可按规定步骤使用底漆。

③基材表面一端粘贴防黏胶带,如聚乙烯膜。

④施涂适量的密封胶,约长100 mm、宽50 mm、厚3 mm,其中至少50 mm长密封胶覆盖在防黏胶带上[图6.28(a)]。

⑤修整密封胶,确保密封胶与黏结表面完全贴合。

⑥在标准条件下,密封胶至少固化3天,以90°角用力将密封胶从防黏带处揭起(温度低、湿度小时固化时间适当延长)。

⑦如果密封胶与基材发生黏结破坏,则黏结力不合格[图6.28(b)];如果密封胶与基材发生内聚破坏[图6.28(c)],且内聚破坏面积百分率的算术平均值≥80%为合格(以剥离长度×试样宽度为基础面积,计算内聚破坏面积的百分率及算术平均值)。

⑧将测试编号、日期、测试用胶批号、测试结果(黏结或内聚破坏)以及其他有关信息,纳入质量控制记录,以便将来查询。

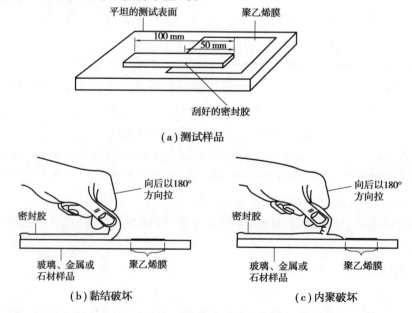

图6.28　剥离黏结性试验示意图

（4）割胶试验

该试验是检查密封胶施工质量极为有效的方法，既可以检查密封胶与基材的黏结能力，又可以检查密封胶的施工质量，如密封胶外观、颜色、气泡、宽度、厚度等。在标准条件下，密封胶至少固化3天才能进行割胶试验。其试验方法如下：

①沿密封缝一边的宽度方向水平切割密封胶，直至接缝的基材面。

②在水平切口处沿胶与基材黏结接缝的两边垂直各切割75 mm长度。

③用手指紧紧捏住密封胶75 mm长的一端，以90°角拉扯剥离密封胶。

④如果密封胶与基材的黏结力合格，密封胶应在拉扯过程中断裂或在剥离之前结构胶拉长到预定值。反之，则黏结力有问题，应立刻找出原因。

⑤如果密封胶与基材的黏结力合格，可用新密封胶修补已被拉断的密封接缝。如若不合格，加大抽检试样的数量及固化周期。为获得良好的黏结性，修补被测试部位应采用同原来相同的密封胶和相同的施胶方法。应确保原胶面清洁，修补的新胶应充分填满接缝并与原胶面紧密贴合。

⑥将测试数量、日期、测试用胶批号、测试结果（黏结或内聚破坏）以及其他有关信息，纳入质量控制记录，以便将来查询。

（5）密封胶涂层厚度检测

密封胶厚度常规检测方法如下：游标卡尺使用前需进行归零校正，游标卡尺归零校正后松动自动螺丝，调整副尺的宽度使主尺和副尺卡在已涂胶的钢板上然后读取数值，每次的数值减去钢板的厚度即为钢板所涂密封胶的双面厚度，其读数的1/2即为密封胶厚度的一次检测值（图6.29）。按照此方法测量5点，5点的平均值应不低于设计厚度的80%。

(a)钢板边缘测量方法　　　　**(b)平面测量方法**

图6.29 测量方法

（6）密封胶的修复程序

①在进行割胶试验后及密封胶破损处，按"双布擦拭法"清洁旧胶表面。若进行割胶试验后，立即进行补胶。

②密封胶可能会吸收一些溶剂，故在打新的密封胶之前需让清洁溶剂挥发完全。

③参照前述施工步骤将新的密封胶注入接口。

3）质量控制措施

①在工程进行过程中，如果某些基材的表面可能与已经测试的样品不符，如供应商、表面处理形式的改变等，则应将新样品再委托国家权威检测机构或重新进行相容性及黏结性试验。

②工程施工前，应对试样件进行剥离黏结试验及割胶试验，以确定基材上的密封胶的固化及黏结情况。

③工程施工时，应对现场施工部位进行剥离黏结与切开检测，以确定基材上的密封胶在特定环境和大气条件下的固化及黏结情况。

④对混合好的密封胶涂胶前必须进行蝴蝶试验，以检查是否混合均匀。注胶时，每天必须至少进行一次拉断时间测试。

⑤剥离黏结试验应每天在工作现场进行。应记录样品制备的日期和使用的密封胶的批号。在标准条件下，密封胶应在 3 天后进行剥离黏结试验，以检测密封胶的黏结性。

⑥如果剥离黏结试验显示的黏结效果较差，应再次进行割胶试验，确认密封胶与基材黏结良好后方可作为合格品。剥离黏结试验失败时，应尽快与密封胶生产技术人员取得联系，以确定原因和补救措施。

⑦用于涂装的各类材料进场后随机进行小样检验，或按照要求送第三方检测，检测结果应符合要求。

⑧涂装施工过程中，严禁作业人员直接在涂装面上踩踏。涂装完成的杆件应放置在阴凉干燥处存放。锚杆涂装完成后，应尽量避免锚杆暴露在阳光直射的环境中。锚杆涂装完成后，吊装需采取涂装面保护措施。吊装应采用软吊带避免对涂装面产生损伤。

⑨锚杆安装完成后，需对涂装面进行检查，及时对受损部位进行修补。

第 7 章
库区山地城市悬索桥加劲梁安装技术

7.1 概述

在悬索桥钢箱梁架设施工中，国内外常见的钢箱梁段架设顺序为从主跨跨中向主塔侧进行架设。这种典型施工技术适用于跨越宽阔水域（大江大河、海峡湖泊）的悬索桥，优点在于利用桥下航道，通过船舶将钢箱梁运输到位后，利用缆载吊机直接垂直起吊。另一个优点在于，架设过程中钢箱梁对称架设，线形平顺、施工过程控制容易，节省工期。如果钢箱梁段架设顺序采用从主塔侧向跨中进行架设，线形控制难度大，钢箱梁之间存在较大高差，调节难度大，合龙段选择在中跨时顶推难度较大。因此，一般跨越宽阔水域的工程项目不会采用这种施工工艺。

山区、库区大跨径悬索桥施工过程中，架梁方案受河流水位、河道等因素影响较大，特别是库区水位落差大，枯水期河滩及浅水区钢梁运输船舶无法就位，需选择合适的高水位窗口期进行施工，对项目的总工期和成本造成影响。即使项目按高水位窗口期计划架梁来组织施工，也常会因受施工过程中的不确定因素影响而错过了窗口期导致钢梁架设不能顺利进行，从而影响整体施工计划目标的完成。因此，有必要研究一种针对这种情况的库区山地悬索桥加劲梁架设技术。

本桥受水位影响，枯水期河流两岸可能出现较大范围浅滩，运输钢箱梁的船舶无法靠岸停泊，导致钢箱梁无法垂直起吊。如果全部采用栈桥滑移支架，在前端将钢箱梁起吊，滑移至安装位置，成本昂贵，且影响通航、增加防洪度汛安全风险。因此，对浅滩处钢箱梁的存放及吊装进行研究。

7.2 水陆交替区域钢箱加劲梁架设技术

7.2.1 主要关键技术及技术要点

钢箱梁质量一般较大，约百吨，尺寸也较大，无法进行陆路运输；岸区钢箱梁架设过程中需在岸区搭设钢箱梁滑移支架,利用缆载吊机将钢箱梁垂直起吊,通过荡移的方式将其荡至滑移支架上,再通过滑块滑移至垂直起吊位置进行存放。

通过该施工方法进行施工,避免了长江上游大跨山区悬索桥钢箱梁架设过程中长江在蓄水期和枯水期水位变化对架设过程的不利影响,节约了施工工期和成本。钢梁架设过程中,利用一种可调节的双向临时连接装置有效调节了钢梁节段之间的高差及线形变化。

①钢箱梁架设顺序为:从两塔侧向跨中架设(Z1、Z3→Z10)→从跨中向两塔方向架设(Z30→Z11)→在 Z2 节段合龙。

在悬索桥钢箱梁架设施工中,国内外常见的钢箱梁段架设顺序为从主跨跨中向主塔侧进行架设,架设过程中钢梁线形平顺、施工过程控制容易。本桥因受河流水位、河道等因素影响,创新采用了非常规架梁顺序,解决了水位变化对靠塔侧钢箱梁节段架设施工的影响。

②钢梁架设过程中,Z3→Z10 节段设计采用一种可调节双向连接装置进行临时连接,解决了首先架设的 Z3→Z10 节段钢箱梁在架设过程中由于梁段间高差过大而出现的连接问题。

悬索桥钢箱梁常规架设顺序从主跨跨中向主塔侧进行时,钢箱梁线形平顺,施工过程控制容易,通过普通临时连接件(连接板及螺栓)即可连接。由于架梁顺序的变化,两塔侧钢箱梁架设时相邻梁段之间存在较大高差,普通临时连接件容易受剪破坏,无法进行连接,发明的一种可调节双向连接装置,可有效调节较大高差梁段之间的连接问题。

③岸边浅滩无水区域梁段采用先荡移到滑移支架上存放,滑移到位后利用缆载吊机垂直起吊的方式进行架设施工。

在宽阔水域钢箱梁进行架设时,直接利用缆载吊机从运输船上垂直起吊钢箱梁梁段。重庆寸滩长江大桥桥址位置处枯水季节两岸存在浅滩,水位无法满足垂直起吊钢箱梁的要求,为解决岸边浅滩无水区域钢梁运输船舶无法靠近并直接垂直起吊的问题。首先在两岸侧搭设钢箱梁滑移支架,将岸侧梁段先荡移到滑移支架上存放,然后通过滑块滑移到位后利用缆载吊机垂直起吊的方式进行架设施工。

7.2.2 技术原理

通过 Midas Civil 软件建模对整个钢梁架设过程进行模拟分析,对钢梁架设过程线形变化进行计算。通过软件模拟分析结果确定钢梁架设顺序、梁段连接方式、合龙段设置、索鞍顶推等钢梁架设事项。根据软件模拟过程中线形变化特征,确定架设过程中钢梁梁段间的连接方式。钢箱梁架设前,通过 Midas Civil 软件对各个梁段吊装时进行线形模拟,梁段架设后,对线形进行测量校核(图 7.1、图 7.2)。

图 7.1　Midas Civil 软件模拟成桥线形

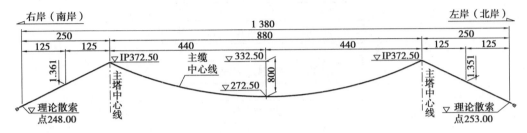

图 7.2　成桥后实际线形(单位:m)

7.3　边跨梁段自边向中、跨中梁段自中向边的钢箱梁架设施工工法

7.3.1　施工工艺流程

在悬索桥钢箱梁架设施工中,国内外常见的钢箱梁段架设顺序为从主跨跨中向主塔侧进行架设,架设过程中钢梁线形平顺、施工过程控制容易。大桥受河流水位、河道等因素影响,采用非常规架梁顺序,解决了水位变化对靠塔侧钢箱梁节段架设施工的影响。

岸边浅滩无水区域梁段采用先荡移到滑移支架上存放,滑移到位后利用缆载吊机垂直起吊的方式进行架设施工;在宽阔水域架设时,直接利用缆载吊机从运输船上垂直起吊钢箱梁梁段向两边对称架设。架设施工工艺流程如图 7.3 所示。

7.3.2　水位信息收集分析

大桥所在地受三峡水库调水影响,全年分为枯水期、洪水期、蓄水期 3 个水位阶段。根据历年桥址江段水位变化情况可知,在桥址江段 3—5 月为枯水期、6—8 月为洪水期、9 月到来年 2 月为蓄水期。根据工程总体施工进度计划安排,主桥钢箱梁架设施工工期为 2016 年 1 月 10 日至 2016 年 4 月 10 日。施工时间段需经历桥址江段蓄水期与枯水期两个水位变化阶段,桥址近 3 年内 2 月和 3 月水位信息如图 7.4、图 7.5 所示。

7.3.3　桥址河床标高及钢箱梁吊装水位要求

大桥南岸桥址河床最高标高为+168 m,北岸桥址河床最高标高为+165 m。钢梁架设过程中,梁段运输船舶的安全吃水深度为 3 m,梁段在岸边从运输船上垂直起吊的安全水位为+171 m。

121

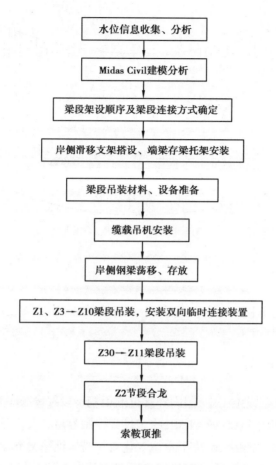

图 7.3　架设施工工艺流程

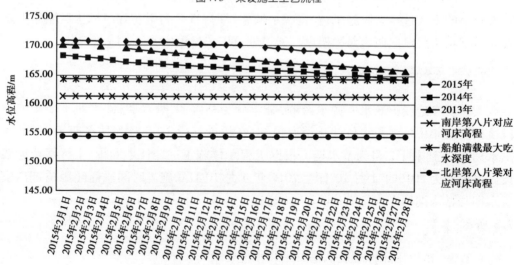

图 7.4　桥址处近 3 年内 2 月份水位变化图

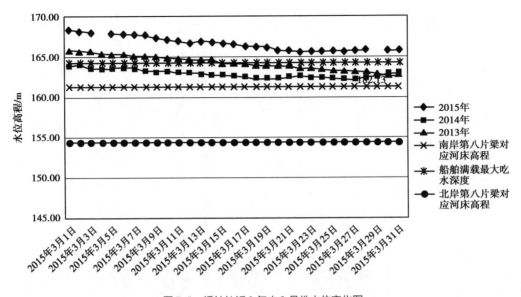

图7.5　桥址处近3年内3月份水位变化图

7.3.4　软件模拟分析确定梁段架设顺序

梁段架设施工前,通过 Midas Civil 软件对梁段架设过程中主缆线形进行分析研究,结合桥址江段在梁段架设期间水位变化情况以及河床标高进行综合分析,最终确定主桥钢箱梁架设顺序如下:

①从两塔侧向跨中架设(Z1、Z3→Z10);

②从跨中向两塔方向架设(Z30→Z11);

③在 Z2 节段合龙。

梁段具体布置如图7.6所示。

7.3.5　梁段吊装施工准备

1)滑移支架准备

根据主桥现场地理情况,南岸 Z1、Z2 梁段和北岸 Z1～Z5 梁段无法从梁段运输船上垂直起吊,该部分梁段需从运输船上荡移到滑移支架上后滑移到起吊位置进行吊装。滑移支架基础采用桩基础,支架采用钢管桩支架,钢管桩顶安装贝雷梁滑道支撑架。南岸滑移支架共两跨,全长 21.12 m;北岸滑移支架共 4 跨,全长 60.12 m(图7.7、图7.8)。滑移支架需在钢梁架设施工前施工完成。

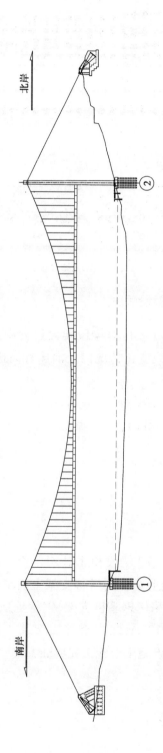

图7.6 梁段布置示意图

梁段编号	Z1	Z2	Z3	Z4	Z5	Z6	Z7	Z8	Z9	Z10	Z11	Z12	Z13	Z14	Z15	Z16	Z17	Z18	Z19	Z20	Z21	Z22	Z23	Z24	Z25	Z26	Z27	Z28	Z29	Z30	Z21	Z22	Z23	Z24	Z25	Z26	Z27	Z28	Z29	Z10	Z11	Z12	Z13	Z14	Z15	Z16	Z17	Z18	Z19	Z20	Z21	Z22	Z23	Z24	Z25	Z26	Z27	Z28	Z29	Z1	Z2
梁段类型	M5	M4	M1	M1	M1	M1	M1	M1	M1	M1	M1	M1	M1	M1	M1	M1	M1	M1	M1	M2	M3	M3	M3	M3	M3	M3	M3	M3	M3	M0	M3	M3	M3	M3	M3	M3	M3	M3	M2	M1	M1	M1	M1	M1	M1	M1	M1	M1	M1	M1	M1	M1	M1	M1	M1	M1	M1	M1	M1	M4	M5

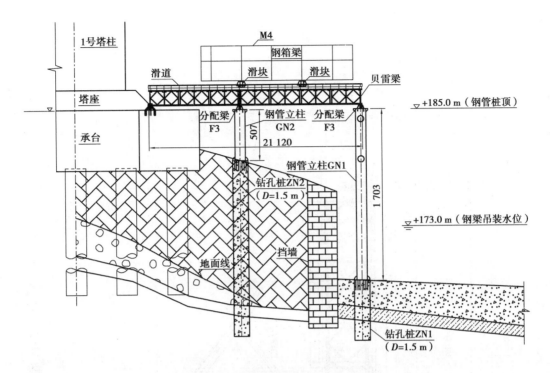

图 7.7　南岸滑移支架布置图(单位:mm)

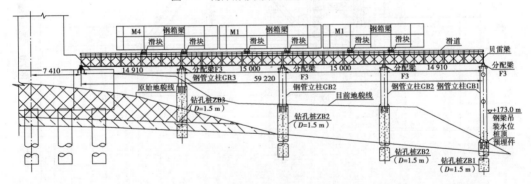

图 7.8　北岸滑移支架布置图(单位:mm)

2)端梁存梁托架安装

Z1 梁段为无吊索梁段。Z1 梁段吊装前,需在下横梁处安装 Z1 梁段临时支撑托架。托架主体为槽钢拼装的三角托架;三角托架顶部为贝雷梁支架,支架顶安装 H 型钢滑道(图 7.9)。三角托架底部与横梁上的预埋件焊接,顶部需利用精轧螺纹钢筋与横梁固定。

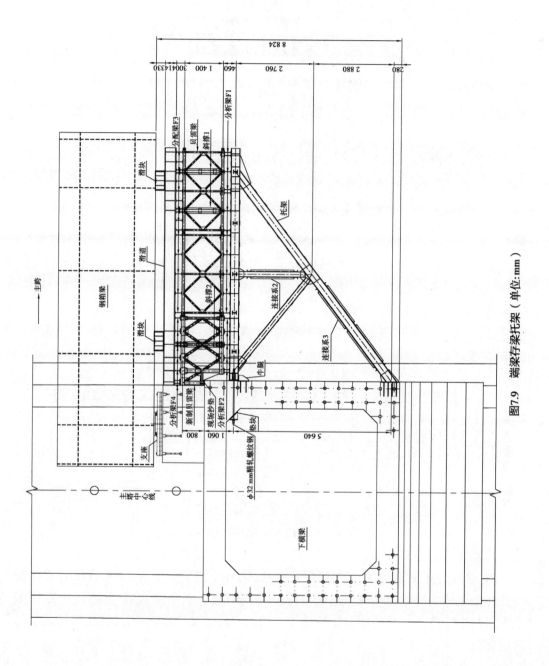

图7.9 端梁存梁托架（单位:mm）

3)缆载吊机安装

主桥钢箱梁吊装采用缆载吊机进行吊装,缆载吊机由中间主桁架、负重梁、行走机构、吊具、电气系统等结构组成。缆载吊机安装顺序为:行走机构→负重梁→主桁架→电气系统→吊具。缆载吊机构件拼装、起吊,卷扬机安装在塔顶门架上(图 7.10)。缆载吊机吊装前,需完成卷扬机、吊装分配梁、滑车组安装。缆载吊机安装完成后需进行试吊,试吊合格后方能投入使用。

图 7.10　缆载吊机结构图

7.3.6　钢梁吊装

1)Z1 节段吊装

Z1 节段为无吊索节段。南岸 Z1 梁段利用运输船舶运输到 2 号索夹下方;缆载吊机行走到 2 号索夹固定后将南岸 Z1 梁段荡移到滑移支架上,利用卷扬机将南岸 Z1 梁段拽拉滑移到起吊位置;缆载吊机行走到 1 号索夹处将南岸 Z1 梁段垂直起吊到位后荡移到存梁托架上。北岸 Z1 梁段利用运输船舶运输到 53 号索夹下方;缆载吊机行走到 53 号索夹固定后将北岸 Z1 梁段荡移到滑移支架上,利用卷扬机将北岸 Z1 梁段拽拉滑移到起吊位置;缆载吊机行走到 57 号索夹处将北岸 Z1 梁段垂直起吊到位后荡移到存梁托架上。

2)Z3→Z10 节段吊装

南岸 Z3→Z10 梁段直接从运输船上垂直起吊,北岸 Z3→Z5 梁段需先荡移到滑移支架上滑移到位后吊装,Z6→Z10 梁段直接运输到吊装位置后从船上垂直起吊。

Z3→Z10 节段利用缆载吊机提升到位后,与相邻已架设梁段进行临时连接。因梁段 Z3→Z10 梁段架设过程中梁段间高差较大,不能采用钢梁上既有的通过螺栓连接的临时连接件进行连接。在 Z3→Z10 梁段吊装施工过程中,需新设计一种双向可调节临时连接装置进行节段间的临时连接,以适应钢梁节段之间的高差和线形变化(图 7.11、图 7.12)。在梁段架设过程中,需根据钢梁线形变化对临时连接装置精轧螺纹螺母进行调整。

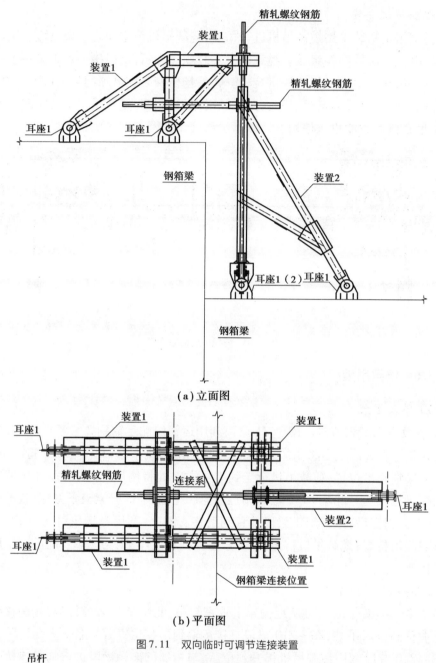

（a）立面图

（b）平面图

图 7.11　双向临时可调节连接装置

（a）

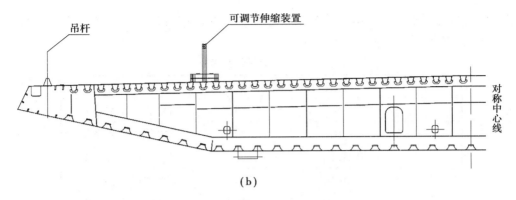

（b）

图 7.12　双向临时连接装置安装位置示意图

双向可调节临时连接装置包括装置 1 和装置 2 两部分,装置 1 和装置 2 分别安装于相邻梁段上。当相邻梁段高差变化时,通过调节竖向精轧螺纹钢筋进行竖向限位。竖向精轧螺纹钢筋下端锚固于装置 2 的锚梁上,上端锚固于装置 1 的水平弦杆上,通过松紧装置 1 的水平弦杆位置处螺母进行竖向位移调节。当相邻梁段纵向距离变化时,通过调节横向精轧螺纹钢筋进行纵向限位。横向精轧螺纹钢筋一端锚固于装置 1 的锚梁上,另一端端锚固于装置 2 的竖向弦杆上,通过松紧装置 1 的锚梁位置处螺母进行纵向位移调节。

3）Z30→Z11 节段吊装

Z30 节段为跨中节段。梁段 Z10 架设完成后缆载吊机向跨中行走,利用其中一台缆载吊机进行 Z30 节段吊装。Z30 提升到位后,需将其竖直吊索和斜吊索与梁段销孔进行安装。

Z30 梁段架设完成后,依次从跨中向两塔架设完成 Z29→Z12 节段吊装。梁段之间采用钢梁上既有的临时连接件进行连接。

在梁段架设过程中,随着梁段架设已架设梁段在梁段 Z11 吊装后,钢梁线形逐渐趋于平顺,梁段间高差逐渐回落。梁段 Z3→Z10 具备采用临时连接件进行梁段间连接的条件。在 Z11 节段吊装后需对 Z3→Z10 梁段进行连接方式转换,将双向临时连接转换为用既有临时连接件进行连接。

4）钢梁合龙

主桥钢箱梁合龙段为 Z2 梁段,南北岸缆载吊机分别行走到 1 号索夹和 57 号索夹位置后固定;端部 1 号节段向塔侧滑移,确保合龙口长度比 2 号梁段长度大 50 cm,Z2 梁段提升前向边跨预偏 20 cm;箱梁提升到位后先将吊索与箱梁吊耳连接;吊索安装完成后,将 Z2 梁段与 Z3 梁段利用临时连接件进行连接;最后,将 Z1 梁段向跨中侧拽拉到位后与 Z2 梁段利用临时连接件进行连接。

7.3.7　索鞍顶推

大桥索夹安装完成后,对全桥主缆线形进行测量,并将测量数据进行收集,将索夹安装完成后的主缆线形导入 Midas Civil 软件对梁段架设过程进行建模分析,通过软件计算分析对主桥钢箱梁架设过程中主索鞍顶推次数、顶推量、顶推时间进行确定,最终经软件模拟分析确定在主桥钢箱梁架设过程中分 6 次进行顶推。具体顶推量及顶推时间如表 7.1 所示。

表 7.1　主索鞍顶推数据

序号	顶推次数	顶推量（mm）	顶推时间
1	第一次	255	Z4 梁段吊装完成
2	第二次	120	Z10 梁段吊装完成
3	第三次	195	Z27 梁段吊装完成
4	第四次	210	Z22 梁段吊装完成
5	第五次	120	Z17 梁段吊装完成
6	第六次	105	Z11 梁段吊装完成

7.3.8　施工操作要点

1）荡移操作要点

①荡移前，对荡移吊具、卡环、钢丝绳等进行严格检查，并完善签证手续。

②荡移过程中，注意加强观察，尤其注意钢绞线是否松弛、黏丝，各连接销轴、螺栓等关键受力处是否连接正常。若有异常，应及时通知操作人员停止荡移作业。

③岸侧无水区钢箱梁荡移时，荡移角度不能超过 12°。

2）钢梁起吊操作要点

①钢梁提升，应先吊离地面（船面）100 ~ 300 mm 进行试吊，无问题后方可起吊。

②梁段起吊应平稳，上下游吊点应同步升高，横桥向设水平尺高差不大于 200 mm；纵桥向高差由吊具决定，但也应控制不超过 50 mm。

③缆载吊机起吊钢绞线应采取措施确保受力均匀，起吊、下放应匀速。

3）临时连接操作要点

通过 Midas Civil 软件得出相邻梁段间高差数据，利用双向临时连接装置对高差进行调节，梁段纵向两端高差控制在 5 cm 范围内。随着后续梁段的架设，梁段间高差发生变化时，及时通过双向临时连接装置松紧精轧螺纹钢筋螺母进行调节。为避免相邻梁段之间解除碰撞，梁段间纵向间距控制在 2 ~ 5 cm。

4）合龙操作要点

合龙前，根据监控指令确定合龙口标高。合龙段钢箱梁节段与相邻两边节段相符，合龙前千斤顶进油，分别将钢箱梁往两岸边跨顶推，两边须推约 15 cm（具体根据实际情况而定）。合龙段吊装完成后千斤顶回油，合龙段与已架设梁段进行连接。

5）顶推操作要点

钢梁架设过程中，根据监控指令要求分次顶推塔顶主索鞍，顶推次数、顶推量、顶推时间必须严格按照监控指令执行。

第8章
基于"中国结"的城市桥梁景观设计与实施

8.1 城市桥梁景观要求

8.1.1 地域性原则

桥梁与城市的伴生使其复合景观成为标榜城市或地区独特性、唯一性的象征,同时也是桥梁景观地域性的表现。

8.1.2 文化性原则

重庆人文历史丰厚,桥梁的文化表达必不可少。桥梁景观设计须以重庆地方文化为内核,以桥梁景观为延伸,以环境景观为烘托,将文化与桥梁景观设计结合起来,提升桥梁的整体文化品位。

8.1.3 整体性原则

桥梁的美学塑造要有整体性,桥梁形象要与周边环境相协调,桥梁各构件的组合也应有统一的主题。

8.2 景观设计背景

8.2.1 项目背景

重庆是西南地区最大的工业城市和重要的经济、文化中心,是长江上游最大的交通枢纽,在国家经济发展格局中起着承东启西的重要作用。重庆市区坐落在长江与嘉陵江交汇处,四面环山,江水环绕,城市傍水依山,层叠而上,既以山城著称,又以桥城扬名。特殊的地理环境使重庆成为全国桥梁最多的城市之一。目前,重庆主城区的两江大桥有30余座,众多的桥梁还将凌波而起。

为保证重庆江北机场的可持续发展,根据"一条铁路、两条轨道、三横、四纵道路网络"的城市交通规划布局,将四条纵线中的一条城市快速路作为进出机场的专用快捷通道。重庆寸滩长江大桥为机场专用快速路的重要节点工程,就如同进出重庆的一扇大门。大桥的建成将进一步提升重庆形象,未来将成为这一地区新的景观标志(图8.1)。

图8.1　重庆寸滩长江大桥效果图

8.2.2　人文背景

人文因素已成为景观设计的一个重要方面,考虑重庆地区人文因素的景观设计会具有鲜明的地方特色,会对有相同文化背景的人群产生强烈的导向性、整体性,从而使他们产生文化认同感和归属感。

重庆寓意"双重喜庆",城市历史悠久,人文璀璨,处于中国东西部的结合点,内接腹地、外连江海(图8.2)。蜀道之难,难于上青天。巴蜀人以惊人的勇气和吃苦耐劳的精神,开山修道,打破了盆地地缘的封锁,克服了地域上狭隘的封闭性,建设了举世瞩目的长江三峡工程,创造了史无前例的奇迹。重庆已逐渐成为中国中西部人口集中、商业发达的繁华都市,成为中国西部最大的门户城市。

图8.2　重庆人文元素

重庆是开放的城市,是一个兼容东、西、南、北文化的城市。历代的巴渝都容纳了东西南北四方众多的移民。几个时期的迁移,为重庆带来了大量的移民、繁荣的经济和丰富多彩的文化,也铸就了重庆人兼容开放、海纳百川的博大胸怀。

8.3　景观创意

重庆寸滩长江大桥作为重庆两江新区的重要过江通道,横跨长江。本着"一桥一景"的指导思想,景观设计应突出强调桥梁的个性特征,优化桥梁视觉效果,突出桥梁文化内涵的表达,充分体现桥梁的空间属性与美学属性。

长江迂回曲折、自西向东,穿过繁华热闹的重庆市区,就是朝天门码头,再往东三公里远,就到了寸滩。顾名思义,寸滩,就是长江岸边的"一寸滩"。别小看这寸滩之地,它背靠重庆江北机场,直通渝邻、内环、机场三条高速公路,连接重庆北站及渝怀铁路,坐拥长江黄金口岸,正成为重庆与国际市场接轨的"门户"。重庆有了这个"门户",将汇聚人气,聚集经济发展要素,加大对外交流开放力度,为中国西部打开更广阔的天地。

无论是从水道进出重庆,还是从重庆江北机场飞往世界各地,都要经过重庆寸滩长江大桥这座"城市之门"。可以说,寸滩之门,让重庆走向世界。一个建筑中的门总是最先引人注目的,城市之门同样也是城市形象的首张名片。寸滩的地理位置形成了重庆城市出入口的"区位"优势。自然,可以将重庆寸滩长江大桥的景观立意定位在"城市之门"。

8.4　桥型方案的比选及确定

大象无形,大道至简。长江上的桥,以大规模、大体量为特色。景观设计首先立意于"以自身桥型结构呈现整体景观形象"。在满足功能、造价合理的前提下,桥型的确定是体现桥梁建筑风格的首要步骤,再对桥塔尺度比例及上横梁建筑细节进行考量,以功能、形式的统一体现景观的技术美。

重庆现有桥梁众多,两江之上各具风格和美态的桥梁,代表了不同时期的城市发展风貌。目前,重庆主城区的两江大桥有近30座。在各种桥型中,悬索桥是空间形象最优美的桥型,气势宏伟。其高耸的主塔、粗壮的主缆、强劲的大梁具有很强的力动感与跨越感,自身桥型就已构成宏伟壮观的景观形象。寸滩上游的朝天门长江大桥和大佛寺长江大桥分别为拱桥和斜拉桥桥型。寸滩桥位采用大跨悬索桥型更能在城市整体景观上体现多样性,在视觉上产生"一桥一景"的效果。悬索桥桥塔高耸,缆索下悬,凭虚飞渡,高下起伏,气韵生动,梁、塔、缆索简洁的几何构图及柔性曲线与刚劲直线的结合,使桥型清晰、动态分明,充分展现了力线明快、简洁流畅、功能与形式统一的优美形态。

大桥主跨采用880 m,主桥总体布置如图8.3所示。

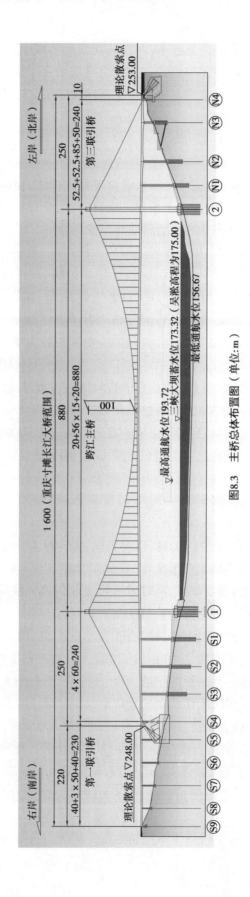

图8.3　主桥总体布置图（单位:m）

8.5　牌楼塔

主塔是悬索桥的主构要素,在力学上起着重要的作用;其高耸的形象引人注目,起着象征、标志的作用,是桥梁景观中最重要的因素。因此,桥塔是现代悬索索桥景观设计的主要内容,也是最能体现大桥建筑风格,成为大桥景观焦点的"点睛之笔"。重庆寸滩长江大桥南北桥塔分别高 194.5 m 和 199.5 m,相当于 60 多层楼高,是重庆最高的桥塔。

重庆寸滩长江大桥桥塔整体造型为牌楼形式。在中国传统文化中,牌楼建筑多为纪念性质,用以昭示高尚美德或丰功伟绩,也有题字标识的功能。它常矗立于重要的交通门户位置,地域景观标志性很强。其特有的框架建筑形式,也能营造出框景、借景等空间效果。结合"城市之门"的景观主题,运用符号学的方法,牌楼的框架形式远看形似传统文化中"开"字的书法形式。通过对"开"字的变形与提炼,并保留牌楼建筑的构图特点,结合喜庆红火、红色文化的城市精神,桥塔整体造型最终确定为红色涂装的牌楼塔形(图 8.4)。

这种造型设计手法也是建筑构成中"立意性手法"的运用,即在确定要表达某种意境和思想的基础上,通过研究造型素材和手法,利用空间的围合、对比、象形等处理,创作出符合创意思想的建筑形象。造型上运用的"框型""围合""表征"等表达形式,糅合了美学的基本特征,表达开门、开放、门户、贯通、交流等寓意。

图 8.4　桥塔整体造型

在主塔上部横梁中间设置"中国结"的装饰花板,用其重喜、吉庆的含义。花板高宽均为 15 m,"中国结"纹样中隐藏的篆体"巴"字,象征传统文化与现代科技的交织融汇;塔柱截面采用层叠的双圆弧倒角,倒角半径为 80 cm,古典圆润,立面线条丰富(图 8.5);塔柱底部适当放大,显得更加刚劲有力,表达了寸滩之地应有的实力与气魄。全塔高 190 余米,两塔柱之间的轴线距离为 36 m,比例尺度均衡,层次分明,桥塔形象新颖,令人过目不忘。全塔彰显出浓郁的中国风特色,表现了中国元素在现代桥梁景观设计中的创新运用(图 8.6)。

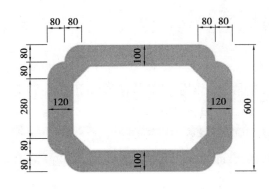

图 8.5 主塔柱截面示意图(单位:cm)

图 8.6 主塔效果图

两座牌楼桥塔并立,犹如城市的两扇大门高矗。推开一扇门,可以看见一座底蕴深厚的人文之城:传统建筑上带有巴蜀特色的纹样流光溢彩;寸滩古渡口,山峡纤夫在险滩急流中撼人心魄的川江号子;重庆老街中带"门"的地名不胜枚举:朝天门、临江门、千厮门、人和门、福兴门……推开另一扇门,可以看见一座正在崛起的西部之都,山城重庆正发生着日新月异的变化。

通过这两扇门,可以看到这座城市的光影变迁,流年变换,旧码头与新港口,峡江纤夫与跨江大桥,寸滩的牌楼塔,是历史之门、文化之门、欢迎之门。它记载了这座城市的历史文化,更显示了这座城市的激情和活力。从这里进出重庆城,每一次过往来回,都能体会到巴蜀传统文化的神韵,都能感受到现代都市兼容并蓄、海纳百川的精神风范和创业创新的不懈追求。

"门式牌楼"的含义准确地概括了寸滩桥的地理位置与它的功能定位,开启了重庆的未来和希望。

8.6 "中国元素"在全桥景观设计中的运用

8.6.1 桥梁色彩

桥梁作为新的构筑物加入到原有的城市环境之中,应与周围环境相协调,并恰当地成为区域中的景观主体,故其色彩也是景观设计的重要部分。桥梁的色彩涂装应能体现桥梁的建筑风格,表现地域性、文化性及整体性。重庆多雾,在蒙蒙细雨或者水汽充足的季节,江面上常常雾气迷蒙。桥梁应选用高彩度的色彩涂装,在环境中得以强调突出,以突出其景观标志的作用。此外,通过对重庆城市特色与地方文化的分析,红色是巴蜀地区传统建筑中常用的色彩,重庆又是中国红色文化的传播之地,因此红色涂装是最能体现城市风格的色彩。

为更好地展示桥梁的形态美,强化景观主题,大桥在最能体现景观形象的两处构造采用了标志色——中国红的涂装。桥塔"开"字造型以中国红勾勒描画,鲜明生动,富有特色;主缆的跨越曲线最能体现悬索桥的壮观风姿,也采用醒目的红色涂装,强劲稳健,气势宏伟;加劲梁、吊索、锚碇及引桥墩均采用浅灰色涂装,是现代大型桥梁的常用色彩,简洁大气。

8.6.2　引桥墩造型

引桥墩按 65 m 间距布设,大桥桥面标高相对较高,造成墩身较长。墩身采用与桥塔风格相近的纵向槽形肋装饰,削弱了体量感并产生了丰富的光影效果。墩顶的盖梁采用中国传统建筑中受力构件——斗拱的造型元素,承力明确,造型典雅(图 8.7)。斗拱是中国传统古建中最富标志性的构造,它以曲线与直线的组合表现出强烈的结构概念,表达出"秩序井然、力鼎万钧"的意向。

该桥桥塔设计运用了汉字直观而隽永的造型手法,桥墩则采用斗拱深邃的造型意蕴。中国元素再次呼应,使全桥景观风格统一,保证了全桥景观的完整性。

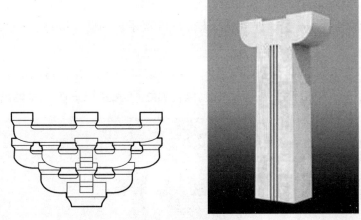

图 8.7　引桥墩身效果图

8.6.3　人行道栏杆造型

人行道栏杆是人们可以近距离驻足观赏触摸到的桥梁景观构筑物。重庆寸滩长江大桥人行道栏杆采用栅栏式铸铁栏杆,规格严整,坚固美观。每隔 3.5 m 设置花板,上面饰以体现"重庆地方文化"的镂空浮雕图案,再次强调了重庆寸滩长江大桥作为"历史之门""文化之门"的展示功能。栏杆立柱的截面变化形成水波造型,流畅生动富有韵律。栏杆整体造型简洁大气,深灰色古朴沉稳,与全桥景观主题相呼应。

8.7　景观实施

大桥在其景观设计中,运用符号学的造型方法,融合中国元素的"形"与"意",创作出新颖的"牌楼型"桥塔,并将桥梁色彩、锚碇、桥墩、人行道栏杆造型等一系列景观设计内容规整到统一的景观主题中,表现了中国元素在现代桥梁景观设计中的混搭与创新运用,使传统文化意蕴伴随现代桥梁科技发扬光大。重庆寸滩长江大桥弥补了重庆现有桥梁体系中现代大跨,造型系统融合中国元素的景观类型,实现了重庆桥梁的新跨越,充分体现了中国文化自信,是最具"中国风"的桥梁之一。

8.7.1　中国结制作与吊装

重庆寸滩长江大桥"牌楼形"桥塔为国内大跨悬索桥中首次采用,桥塔建筑造型获得实用新型专利。牌楼是具有导向、标志作用的传统建筑物。按照传统营造法式,一般用材高宽比例为2∶1,这也是让人视觉感稳定的比例尺度。从桥塔梁上部分来看,高为117 m,横向宽(加上横梁出挑长度)64 m,即从大桥最常见桥面行车视角观赏桥塔,基本符合视觉比例。桥塔梁上和梁下部分高度分别为117 m和77.5 m,符合黄金分割比,整体看上去比例协调。传统牌楼的梁截面高宽比接近6∶5。本方案的横梁高6 m、宽5 m,设置合理。匾额处的镂空图案以"中国结"为原型,有文化内涵,造型上饱满厚重。匾额尺寸15 m见方,从行车可视距离300~500 m的范围来看,非常醒目。

在牌楼桥塔结构形式不变的前提下,对塔顶装饰中国结花板造型做了比选,最终实施方案是包含篆体"巴"字的中国结图案,以古典之形表达了纽带、联系的寓意(图8.8)。

图8.8　主桥桥面视角效果图

"中国结"花板制造工艺采用不锈钢锻造烤漆,能在保证切割工艺的外形精准的基础上,在其表面进行纹样丰富,配合烤漆着色工艺,使之更有立体感和品质感;同时,不锈钢锻造还可以将中国结通过图形扩展区域以色片方式与上下梁连接一体,在高强度螺栓的基础上增加上下不锈钢包边,使其更加稳固(图8.9)。在桥塔结构完成的基础上,采用预制吊装的方式进行定位安装。

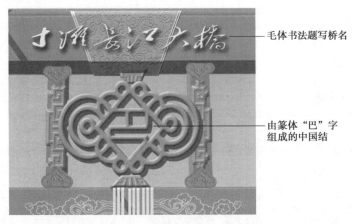

毛体书法题写桥名

由篆体"巴"字组成的中国结

图8.9 中国结

中国红的塔柱上饰以鎏金云纹,既是对巴蜀文化源远流长、云水盛世的描绘,也能将中国元素的文化氛围刻画得更为完整统一(图8.10)。

图8.10 鎏金云纹塔柱

8.7.2 其他景观实施

重庆寸滩长江大桥护栏花板方案用"重庆地名变迁"为题材进行装饰,意在让重庆人知道重庆的历史。重庆别称巴国、巴郡、江州、渝州、恭州、重庆、涪都。立柱上刻写相关历史文字,在花板之间的护栏间隔中加"吉祥重庆""人文重庆"印章,增加护栏的视觉丰富性。花板采用铸造工艺,耐久精美(图8.11)。桥上灯柱设计为巴文化图腾造型(图8.12)。

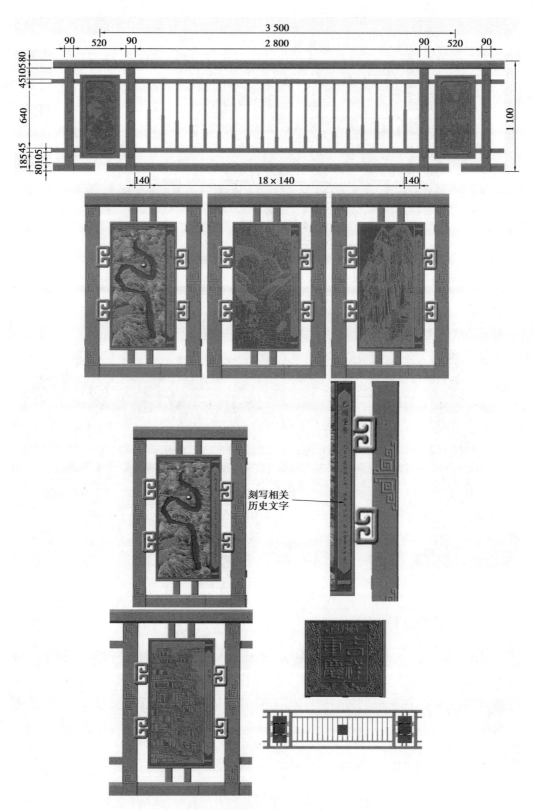

图 8.11　护栏花板(单位:mm)

图 8.12　具有巴文化龙图腾造型的灯柱

重庆寸滩长江大桥桥铭牌及通车实景如图 8.13 至图 8.16 所示。

图 8.13　大桥桥铭牌

图 8.14　远眺大桥

图 8.15　大桥近景

图 8.16　大桥塔柱

第 9 章
山地城市悬索桥施工控制关键技术及成桥荷载试验研究

9.1　概述

重庆寸滩长江大桥的主缆和吊索是悬索桥线形的主要支撑结构。主缆在承受荷载时,会发生几何变形和弹性变形,对内力产生显著影响,表现为几何非线性。因此,在重庆寸滩长江大桥的施工监控过程中,确定主缆线形、分析受力、计算索股下料长度以及进行精确的施工监控是关键难点。

9.2　施工控制关键技术研究

9.2.1　施工监控重难点分析及控制思路

在重庆寸滩长江大桥施工过程中,主缆内力和挠度受结构体系、自重、荷载和温度等因素影响,主缆无应力下料长度和初始安装位置的控制至关重要。

重庆寸滩长江大桥采用灰色理论对悬索桥的施工进行控制,以保证成桥后结构的实际状态达到设计期望状态。主缆的安装过程监测是施工控制的第一阶段,其关键在于第一根标准索股的安装控制(图 9.1)。通过连续观测第一根标准索股的线形变化,使用灰色理论预测其发展变化,预测出以后时段第一根标准索股的线形,并与设计理论状态进行比较,对其线形进行精确调整,从而达到设计理想状态。

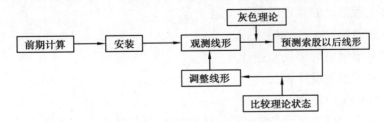

图 9.1　第一根标准索股安装流程图

标准索股定位后,主缆线形的调整局限为主索鞍位置的微调,但也仅能在满足结构受力要求的前提下通过调整得到尽可能好的线形精度;主梁线形的调整,须通过调整吊索的长度来实现。

本桥主梁采用节段吊装拼装施工方法,节段吊装拼装施工既有优点又有缺点。本桥主梁拼装阶段误差来源包括结构的几何非线性影响、主梁拼接焊缝收缩变形对节段标高的影响、日照温差的影响、塔柱混凝土收缩徐变的影响、桥梁施工临时荷载的影响、基础变位的影响。

加劲梁安装阶段的监测是施工控制的第二阶段,主要任务是实时观测主缆线形、桥面标高和塔顶位移,并预测下一时段的主缆线形、桥面标高、塔顶水平位移及主索鞍顶推阶段和顶推量,以确保施工安全和成桥时桥面标高、主缆垂度、索鞍位置、各构件内力大小符合设计理想状态。

9.2.2 施工监控各阶段关键控制内容

施工监控包括监测和控制两个方面,根据结构形式、施工方法确定监测内容和控制思路。悬索桥施工监控主要包含施工控制计算、测点布置、监测系统等内容。

1)施工控制计算

(1)设计计算的校核与施工控制计算

①设计计算的校核:与设计计算进行相互校核,以确保控制的目标不与设计要求失真。

②施工控制计算:桥梁施工控制的目的是使施工与设计尽可能一致。

(2)桥塔的监控计算

①确定桥塔的控制指标。

②分析断面非均匀温度场作用下桥塔的偏位。

③制定鞍座顶推方案。

(3)猫道的监控计算

计算猫道空缆和成型线形控制点坐标及架设过程中的索塔控制截面应力及塔偏位。

(4)主缆的监控计算

①主缆制作长度的计算。

②索鞍预偏量和主缆中心线形计算。

③主缆索股架设的合理层距的确定。

④基准索股架设线形监控计算。

⑤相对基准索股的架设监控计算。

⑥一般索股的架设计算。

⑦主缆锚固张力计算。

⑧主缆索股架设期间的抗滑检算、计算最不利条件下所需索鞍最大水平支承反力、散索鞍支承拆除的合理阶段的确定。

（5）主缆紧缆后的参数识别与架设精度分析

①利用实际平均温度、实测跨度和线形数据进行反馈计算,确定主缆架设的实际无应力长度,分析主缆的架设精度。

②考虑主缆架设误差、恒载偏差,调整加劲梁的架设预拱度。

（6）索夹安装位置计算

计算索夹在各温度及桥塔偏位下的安装位置。

（7）吊索下料长度计算

以理论加劲梁线形为目标状态,利用主缆实际的架设线形和恒载重量,考虑主缆的架设误差,计算吊索的下料长度。

（8）猫道改挂的计算

计算猫道改挂过程中桥塔偏位、主缆线形,并分析因猫道改挂需要放松的长度调节量。

（9）加劲梁制造线形的计算

①以理论计算为基础,根据加劲梁的恒载设计内力状态,确定加劲梁的现场拼装线形。

②考虑焊接要求和焊接变形影响,确定加劲梁的工厂制造线形。

（10）加劲梁架设节段监控计算

①索鞍顶推方案的修正。

②加劲梁吊装过程的计算。

③加劲梁合龙过程的计算。

④二期恒载与成桥线形的计算。

2）监测系统及测点布置

重庆寸滩长江大桥主桥施工监测系统由几何监测、应力监测、索力监测、温度监测等监控系统组成。

（1）几何监测

几何监测的主要目的是获取或识别已成结构的几何形态,及时直观地评价桥梁施工状态,为评价主缆线形提供资料,为施工控制的线形误差提供测试数据。几何监测系统主要测点布置如图9.2至图9.6所示。

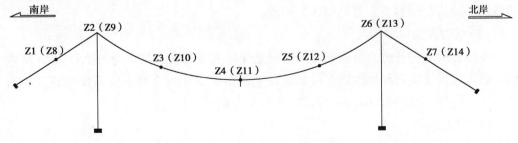

图9.2　主缆标高测点布置示意图

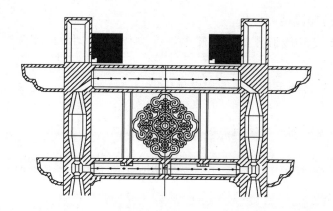
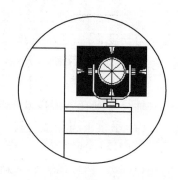

图9.3 塔顶位移测点布置图

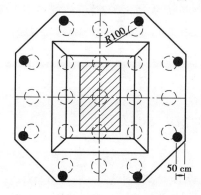

图9.4 索塔基础沉降测点布置示意图

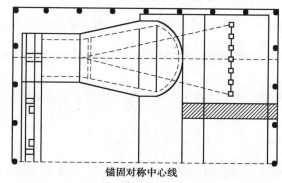

锚固对称中心线

图9.5 锚碇沉降测点布置示意图

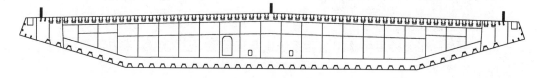

图9.6 主梁线形测点布置示意图

（2）应力监测

应力监测是施工控制的一个重要监测内容。通过应力监测，可知道结构受力状况，及时判定结构应力是否超限，从而掌握结构的安全状况。应力监测主要是桥塔应力监测。应力监测测点布置如图9.7所示。

（3）索力监测

主缆锚跨索股张力和吊索索力的监测是保证主缆各索股拉力均匀受力，保证散索鞍偏回理论设计位置和加劲梁在吊装过程中的吊索处于安全状态的重要措施。索力监测主要包括主缆锚跨索股张力监测、吊索索力监测。

（4）温度监测

温度监测主要包括桥塔温度监测、加劲梁温度监测、主缆和吊杆温度监测、大体积混凝土施工水化热监控。

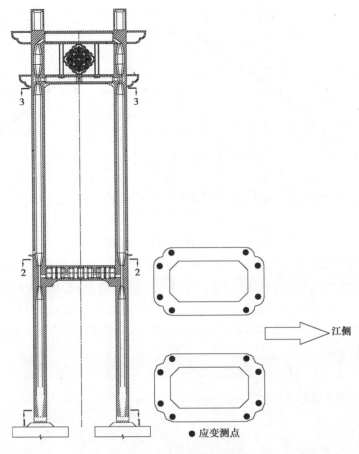

图 9.7　主塔应力测点布置图

9.2.3　成桥施工控制成果

基于前述的施工控制关键技术的应用,最终重庆寸滩长江大桥主桥成桥线形成果如图 9.8、图 9.9 所示。

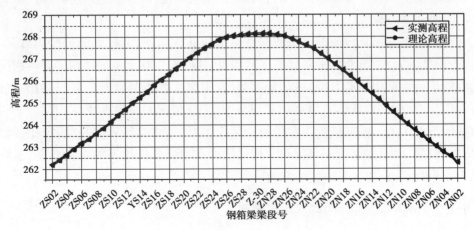

图 9.8　上游侧成桥线形监测成果

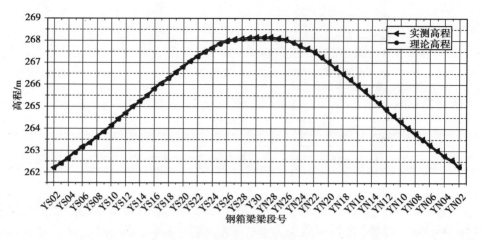

图9.9　上游侧成桥线形监测成果

根据成桥桥面线形监测成果表明,重庆寸滩长江大桥成桥桥面线形最大偏差为0.051 m,桥面整体线形是平顺的,未有凹凸状、波浪形情况;根据《公路工程质量检验评定标准　第一册　土建工程》(JTG F80/1—2017)第8.2.2规定,当跨径大于50 m,桥面高程允许偏差应不大于$L/5\,000+20$(L为跨径)mm,因此,成桥线形满足监控线形精度与相关规范要求。

9.3　成桥荷载试验研究

9.3.1　成桥荷载试验方法

1)静载试验方法

静载试验主要是通过在桥梁上施加与设计活载基本相当的外载,利用检测仪器测试结构的控制部位和控制截面在荷载作用下的挠度、应力、横向分布等特性的变化,从而了解桥梁的实际工作状态,并对结构的强度、刚度和整体性能进行评价。

2)动载试验方法

动载试验是利用某种激振方法激起桥梁结构的振动,测定桥梁结构的固有频率、阻尼比、振型、动力冲击系数等参量的试验项目,从而宏观判定桥梁结构的整体刚度与运营性能。桥梁结构的动力特性(如固有频率、阻尼系数和振型等),只与结构本身的固有性质(如结构的组成形式、刚度、质量分布、支撑情况和材料性质等)有关,而与荷载等其他条件无关。桥梁结构在实际的动荷载作用下,结构各部位的动力响应(如振幅、应力、位移、加速度等),不仅反映了桥梁结构在动荷载作用下的受力状态,也反映了动力作用对司机、乘客舒适性的影响。

9.3.2　成桥荷载试验内容及测点布置

根据重庆寸滩长江大桥桥梁结构形式、受力特点综合考虑,主桥荷载试验内容如

表9.1所示,测试断面及测点布置如图9.10至图9.20所示。

表9.1　主桥试验截面和内容表

工况编号	加载方式	试验工况	测试内容	用车量(辆)
G1	正载	①主梁最大弯矩及挠度工况; ②主缆最大挠度工况; ③吊索张力最大工况; ④吊索活载张力最大增量工况	①主梁应变; ②主梁挠度曲线; ③主缆挠度曲线; ④吊索索力增量; ⑤吊索索力	48
G2	正载	①主梁最大正弯矩及挠度工况; ②主缆最大挠度工况; ③主梁最大纵向漂移	①主梁应变; ②主梁挠度曲线; ③主缆挠度曲线; ④主梁端头纵向位移	48
G3	正载	①主梁跨中最大弯矩及挠度工况; ②主缆跨中最大挠度工况	①主梁应变; ②主梁挠度曲线; ③主缆挠度曲线	40
G4	偏载	①主梁跨中最大弯矩及挠度工况; ②主缆跨中最大挠度工况	①主梁应变; ②主梁挠度曲线; ③主缆挠度曲线	40
G5	偏载	①塔顶最大纵向偏位; ②锚跨段最大张力; ③塔顶最大弯矩	①塔顶纵向偏位; ②主梁挠度曲线; ③主缆挠度曲线; ④主缆张力; ⑤主塔应变	88
G6	正载	桥面板及横梁局部测试工况	①桥面板纵向应变; ②横隔板横向应变	8

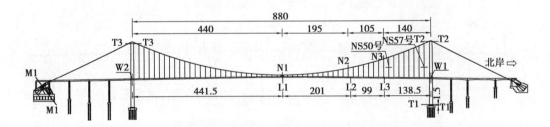

图9.10　主桥试验截面布置图(单位:m)

$L_i(i=1\sim3)$—主梁弯矩及挠度测试截面,其中L2截面同时作为桥面板及横隔板局部测试截面;

$N_i(i=1\sim3)$—主缆位移测试截面;M1—南岸左侧锚室主缆索股最大张力测试截面;

T2—北塔上下游塔柱塔顶最大水平位移测试截面;T1—北塔上下游塔柱塔脚最大弯矩测试截面;

W1、W2—加劲梁水平位移测试截面;T3—南塔上下游塔柱塔顶最大水平位移测试截面;

NS57—上游57号吊杆最不利索力测试截面;NS50—上游50号吊杆索力活载最大增量测试截面

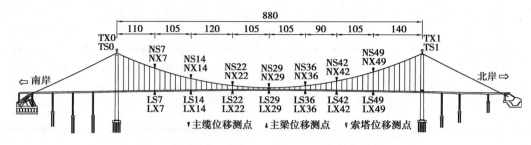

图 9.11 主桥主缆、加劲梁、塔顶位移测点立面布置图(单位:m)

NSi、NXi—上、下游主缆位移测点编号;LSi、LXi—上、下游主梁竖向位移测点编号;

TSi、TXi—上、下游主梁竖向位移测点编号

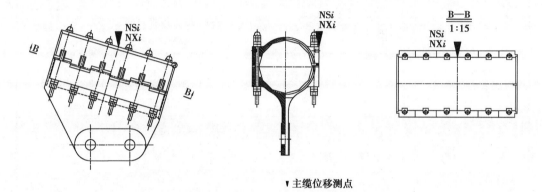

图 9.12 主桥主缆竖向位移测点细部示意图

NSi、NXi—上、下游主缆位移测点编号

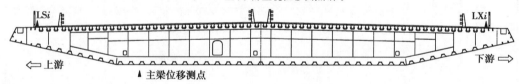

图 9.13 主桥主梁竖向位移测点横断面布置图

LSi、LXi—上、下游主梁竖向位移测点编号

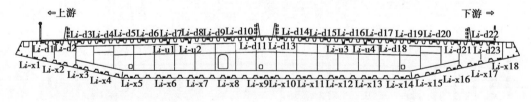

图 9.14 主桥加劲梁应变测点横断面布置图

Li-di—顶板应变测点编号;Li-xi—底板应变测点编号;▪—应变测点;各截面顶板 23 个应变测点,

底板 18 个应变测点,选择 4 根 U 肋底面布置共 4 个测点,全截面共 45 个应变测点

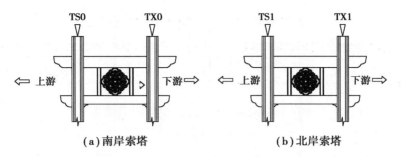

（a）南岸索塔　　　　　　　　　**（b）北岸索塔**

图 9.15　主桥主塔水平位移测点横断面布置图

▽—索塔位移测点

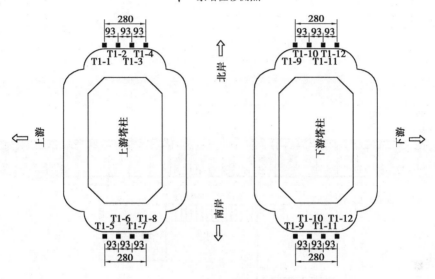

图 9.16　主塔塔柱应变测点横断面布置图（单位：cm）

■—应变测点；T1—截面应变测点

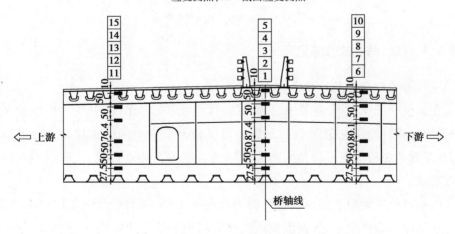

图 9.17　横梁应力测点布置图（单位：cm）

■—应变测点

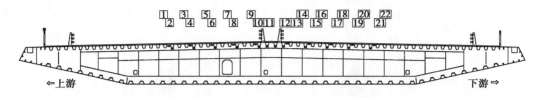

图9.18 桥面板局部应力工况应变测点布置图

■—应变测点

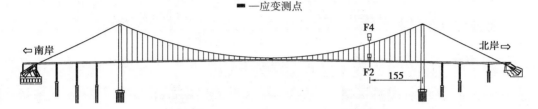

图9.19 主缆、加劲梁风速和气温测点立面布置图(单位:m)

日—风速及气温测点;F*i*—纵横向风速及气温测点编号

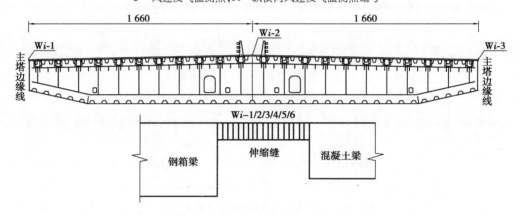

图9.20 加劲梁端纵向位移测点布置图(*i*=1、2,单位:cm)

W*i*-1—伸缩缝水平位移测点编号

9.3.3 成桥荷载试验成果

1)主桥静载试验结果

①在试验荷载作用下,主桥加劲梁试验截面主要应变测点应变平均校验系数为0.91~0.93,相对残余应变均小于20%。测试截面应变横向分布规律与计算值基本相符,各截面顶底板应变平均值与荷载效率的对应关系接近直线,应变沿截面高度分布接近直线。

②索塔试验截面应变测点校验系数为0.64~0.93,相对残余应变均小于20%。

③在试验荷载作用下,各挠度测点实测值均小于理论计算值,校验系数为0.63~0.99,测点相对残余挠度均小于20%。

④在试验荷载作用下,索塔偏位测点实测值均小于理论计算值,校验系数为0.84~0.98,测点相对残余变位均小于20%。主缆跨中截面纵向位移实测值小于理论计算

值,校验系数为 0.89～0.90。主梁梁端水平位移实测值均小于理论计算值,校验系数为 0.69～0.77,测点相对残余变位均小于 20%。

⑤吊索活载最大增量工况索力校验系数为 0.92～0.97,吊索最不利索力工况索力校验系数为 0.85～0.93,测试主缆索股最大张力工况索力校验系数为 0.98。

⑥荷载试验前后及试验加载过程中,主桥试验截面及其附近未发现受力裂缝。

2)主桥动载试验结果

各阶实测自振频率均大于相应的计算值,表明受检桥跨结构的整体刚度正常。各跑车及会车工况下,桥梁受检桥跨各截面实测冲击系数最大值为 0.046 4(出现在 60 km/h 跑车工况下),实测冲击系数最大值小于计算冲击系数值 $\mu_c = 0.05$。梁端实测纵向移动速度最大值为 21.6 m/s(出现在 60 km/h 跑车工况下)。

动载试验结果表明,桥梁受检桥跨结构的动力特性和动力响应正常。

综上所述,重庆寸滩长江大桥受检桥跨受力性能满足公路-Ⅰ级荷载标准的正常使用要求。

第 10 章
项目建设管理

10.1 重庆寸滩长江大桥建设管理

10.1.1 项目建设管理

本项目于 2012 年对外公开进行 BT 融资总承包招标。经过法定的招标程序,确定重庆对外建设(集团)有限公司作为本项目 BT 融资总承包建设单位,中铁大桥局股份有限公司(后更名为中铁大桥局集团有限公司)作为本项目土建施工单位。重庆市城市建设投资(集团)有限公司据此与重庆对外建设(集团)有限公司签订了《重庆机场专用快速路工程南段重庆寸滩长江大桥(K2+600—K4+200)BT 融资建设总承包合同》。

2014 年 6 月,为强化项目建设的管理机制,实现项目建设专业化、科学化管理、保证政府资金使用的有效性和合理性,积极响应国家"政府债务减持"的号召,在重庆市城市建设投资(集团)有限公司充分考虑公司自身资金实力的实际情况下,双方本着尊重历史、公平、诚信的原则,在继承"原合同"实施内容及现状的基础上,将原合同的 BT 建设模式变更为建设代理模式,签订了《重庆机场专用快速路工程南段重庆寸滩长江大桥(K2+600—K4+200)工程建设代理合同》,同时约定重庆对外建设(集团)有限公司与本项目相关单位签订的《监理合同》《施工合同》等合同继续执行。

根据职责划分,重庆市城市建设投资(集团)有限公司负责施工图审查备案前的工作,并负责对重庆对外建设(集团)有限公司(建设代理)的管理。重庆对外建设(集团)有限公司负责施工图审查备案后项目各阶段的实施及移交等全过程的建设管理、组织、协调及实施等工作,并成立全资子公司重庆永键建设工程管理有限公司承担项目建设管理任务。施工、监理、建设代理、建设等参建单位建立了管理体系。

工程建设过程中,各单位根据各自职责,按照建设管理程序进行了施工组织设计、进度计划、资金计划、施工方案的编制与审批。重庆永键建设工程管理有限公司根据本项目履约管理办法定期对监理、施工单位进行履约情况考核。建设过程形成了例会制度,各方通过定期召开的例会就建设过程中各种问题进行沟通协调。质量方面,在工程建设过程中严格执行监理程序,严格实施首件制和验收管理程序,分项、分部工程合格率为 100%,单位工程质量评定为合格。

本项目坚持"安全第一、预防为主、综合治理"的方针,紧紧围绕安全生产目标和安全管理工作计划开展安全生产管理工作,实现了建设安全生产管理目标。本项目执行重庆市城市建设(集团)有限公司制定的变更管理办法,通过变更方案、变更审价等审批达到投资控制目标。

10.1.2　项目管理框架

项目管理框架如图 10.1 所示。

10.1.3　合同关系构架

本项目合同关系构架如图 10.2 所示。

10.1.4　投资控制

本项目建安工程费投资采用总价包干+按实结算的形式进行投资控制。

根据《重庆机场专用快速路工程南段重庆寸滩长江大桥(K2+600—K4+200)工程建设代理合同》约定,本项目建筑安装工程费(大桥主体)实行施工图包干、工程建设其他费(含 BT 建设管理费、监理办公用房及设施、桥梁结构专项竣工测量、零星拆迁)为总价包干;暂定金部分(包含索塔中国结制作、运输、涂装,电气照明,供电系统,景观涂装(混凝土结构涂装)等)在项目实施时,由重庆市城市建设投资(集团)有限公司审定后按实结算;利息按合同约定计算。根据施工期间主要材料价格的波动水平进行材料调差。施工过程中产生的设计变更均严格按照重庆市城市建设投资(集团)有限公司变更管理办法进行审批。

本项目由重庆市财政局与重庆市城市建设投资(集团)有限公司共同委托重庆新城建设造价事务所有限责任公司(工程)和重庆中鼎会计师事务所(财务)进行了全过程跟踪审计。通过以上措施使本项目投资总额得到有效控制。

10.1.5　资金监管

本项目实施过程中,重庆对外建设(集团)有限公司按照《重庆机场专用快速路工程南段寸滩长江大桥(K2+600—K4+200)工程建设代理合同》约定设立了专用账户,并根据重庆市城市建设投资(集团)有限公司审批的月度资金使用计划划入建设资金。重庆中鼎会计师事务所对资金使用情况进行了全过程跟踪审计。

10.1.6　移交与运管

根据重庆市人民政府关于主城区道路建成后的管理工作划分,本项目由重庆市城市管理局进行管理维护。重庆寸滩长江大桥为重庆市城市管理局接手的第一座跨江大桥。建设过程中,各方为建成后的管理维护各方进行了紧密的沟通,为投建与管养分离情况下的建设管理作出了探索。

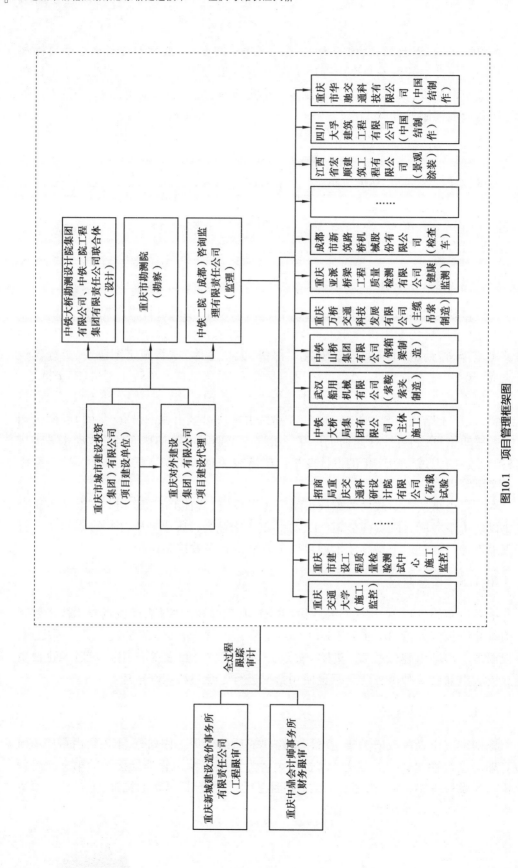

图10.1 项目管理框架图

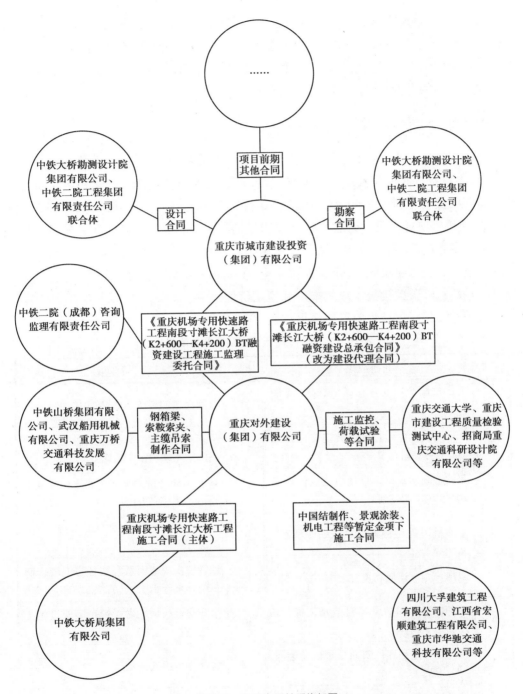

图 10.2　项目合同关系构架图

移交后,由重庆市城市管理局下属重庆市市政设施运行保障中心负责大桥及其附属设施运行安全、检测、检测监控及突发事故应急处置的相关技术性、服务性工作,重庆市城市照明中心负责大桥道路照明和景观照明设施的运行维护工作,从而实现了大桥与周边设施的专业化、标准化统一运营。

10.1.7 科学研究

针对本项目技术含量高、施工难度大等特点,结合项目施工重点、难点及过程中实际情况,参建各方通过深入细致的研究实践,开展了多项科技研究。大桥施工过程成功申请国内发明专利4项,获得实用新型专利7项,形成国家级工法1项、省部级工法4项、结题科研项目4项。通过各项科技成果的应用,形成了一整套自主知识产权关键施工技术,并在项目上应用实践。各项施工技术能较好地适应特殊地形、水文条件下高质量完成大型桥梁施工,确保大桥安全、质量和进度全面受控。经济效益、社会效益、环境效益显著,关键技术极具推广和应用价值。

重庆寸滩长江大桥主要科研成果如表10.1所示。

表 10.1 重庆寸滩长江大桥主要科研成果

序号	科研成果	序号	科研成果
1	双向可调节桩基及其施工方法(发明专利)	11	有牌楼塔的桥梁主塔(实用新型专利)
2	U形肋板单位元自动组装定位焊接系统(发明专利)	12	悬索桥主索鞍二硫化钼润滑涂层滑动副施工工法(国家级工法)
3	板式加劲肋板单元自动组装定位焊专用机床(发明专利)	13	基于BIM的桥梁锚碇超大体积混凝土施工工法(省级工法)
4	悬索桥用新型主缆索股(发明专利)	14	悬索桥横梁型钢托架施工工法(省级工法)
5	双向可调节连接装置(实用新型专利)	15	悬索桥主缆锚固系统锚杆与混凝土防黏结处理施工工法(省级工法)
6	一种便于拆卸的风洞粗糙元装置(实用新型专利)	16	水陆交替区域悬索桥钢箱梁架设施工工法(省级工法)
7	一种杠杆是预埋件斜向拉拔试验装置(实用新型专利)	17	塔梁异步施工技术
8	一种钢箱梁仿形切割小车(实用新型专利)	18	横梁型钢托架施工技术
9	一种具有吸尘功能的钢板表面底漆、锈蚀打磨小车(实用新型专利)	19	西部山区复杂环境下特大跨悬索桥抗风关键技术
10	一种主索鞍结构(实用新型专利)	20	西部山区复杂环境下特大跨悬索桥健康监测技术

10.1.8　获奖情况

本项目在项目建设筹备阶段便把安全、质量放在首要位置。通过参加各方的努力先后获得多项荣誉,如表 10.2 所示。

表 10.2　重庆寸滩长江大桥获奖情况

序号	获奖情况	时间
1	重庆市市级文明工地	2016 年
2	巴渝杯优质工程奖	2018 年
3	重庆市市政工程金杯奖	2019 年
4	中国铁路工程总公司科学技术奖	2019 年
5	中国公路建设行业协会科学技术进步奖三等奖	2020 年
6	重庆市建筑业协会建筑业新技术应用示范工程	2021 年
7	中国施工企业管理协会国家优质工程奖	2020—2021 年

10.2　重庆寸滩长江大桥建设历程

①2009 年 9 月 28 日,重庆市发展和改革委员会同意重庆市城市建设投资(集团)有限公司开展机场专用快速路工程前期工作。

②2010 年 8 月 20 日,住房和城乡建设部同意将重庆寸滩长江大桥确定为近期建设项目。

③2011 年 12 月 31 日,国家发展和改革委员会同意建设重庆寸滩长江大桥项目。

④2012 年 3 月 8 日,重庆市发展和改革委员会同意可行性研究报告,决定由重庆市城市建设投资(集团)有限公司作为项目法人,并对工程规模、主要技术指标、总投资及资金来源等进行批复。

⑤2012 年 4 月 19 日,重庆市城乡建设委员会对重庆寸滩长江大桥工程初步设计进行批复。

⑥2012 年 7 月 31 日,重庆市发展和改革委员会对重庆寸滩长江大桥总投资概算进行批复。

⑦2012 年 12 月 20 日,举行重庆市重点工程集中开工仪式。

⑧2012 年 12 月 28 日,全桥第一根桩基开挖。

⑨2015 年 1 月 31 日,主塔封顶。

⑩2015 年 5 月 28 日,主缆先导索过江。

⑪2015 年 9 月 18 日,大桥主缆架设。

⑫2016 年 1 月 5 日,第一片钢箱梁吊装。

⑬2016 年 3 月 28 日,主桥合龙。

⑭2016 年 3 月 30 日,北引桥合龙。

⑮2016 年 9 月 23 日,南引桥合龙。

⑯2017 年 12 月 26 日,完成竣工验收。

⑰2017 年 12 月 31 日,通车。

10.3　重庆寸滩长江大桥建成的意义

10.3.1　桥梁文化建设

在大桥建设之初,建设单位就着力进行景观及文化打造,努力使大桥成为重庆巴渝文化的载体。结合"城市之门"的景观主题,运用符号学的方法,选取中国传统文化中"开"字的变形与提炼,桥塔整体造为醒目的"开"字,表达开门、开放、门户、贯通、交流的寓意。

桥塔上、中横梁中间设置了"中国结"的装饰花板,用其重喜、吉庆的含义。"中国结"纹样中隐藏的篆体"巴"字,象征传统文化与现代科技的交织汇融。

重庆多雾,在蒙蒙细雨或者水汽充足的季节,江面上常常雾气迷蒙,桥梁应选用高彩度的色彩涂装,在环境中得以强调突出,以突出其景观标志的作用。为更好地展示桥梁的形态,强化景观主题,通过对重庆城市特色与地方文化的分析得出,红色是巴蜀地区传统建筑中常用的色彩,重庆又是中国红色文化的传播之地,因此红色涂装是最能体现城市风格的色彩。因此,重庆寸滩长江大桥在最能体现景观形象的两处构造采用标志色——中国红涂装。

人行道栏杆是人们可以近距离驻足观赏触摸到的桥梁景观构筑物。重庆寸滩长江大桥的人行道栏杆设置花板,上面饰以"重庆八景"的镂空浮雕图案,记载了重庆历史名城的变迁,向人们静静地诉说着"三千年江州府,八百载重庆城"的故事。每块花板都是一幅美丽画卷,一个动人的传说,体现了地方文化特色,也是对传统文化致敬与传承,再次强调了该桥作为"历史之门""文化之门"的展示功能。栏杆立柱的截面变化形成水波造型,流畅生动富有韵律。栏杆造型简洁大气,生灰色古朴沉稳,与全桥景观主题相呼应。

全桥通过外观造型及各个细节与重庆文化进行了充分的融合。

10.3.2　重庆寸滩长江大桥作为标志性建筑对重庆宣传的意义

重庆寸滩长江大桥建成时是重庆主跨最长的大桥,连接重庆南岸区弹子石与江北寸滩、两江新区。重庆寸滩长江大桥建成为重庆主城新添了一座标志性建筑。电影《幸福马上来》主要宣传重庆市江北区观音桥街道人民调解委员会"老马工作室"负责人马善祥的事迹,全程在重庆取景拍摄。剧中主人公马上来为调解纠纷,同时保护人民安全驾驶失控车辆险些坠江的片段将剧情推向了高潮。该场景在重庆寸滩长江大桥施工现场进行了取景。

10.3.3　社会效应

1）节约时间 3/4

现有去重庆江北机场道路从内环黄桷湾立交途经大佛寺长江大桥,于东环立交上机场路,至机场全程约 23 km,驾车约需 40 min,并经常因车流量大道路通行能力有限出现拥堵。机场专线全线贯通后仅需 10 min,市民可节约 3/4 的时间。

2）有效缓解机场路拥堵

现有机场路为双向 8 车道,设计交通流量为 1.2 万辆/h,设计车速为 80 km/h,但现状已异常拥堵,特别是金渝立交段,高峰时段实际交通流量为 1.3 万辆/h,车流量已经饱和,车速已降至 20 km/h。

整个机场专线通车后可满足约 1.2 万辆/h 交通流量,有效缓解通往机场的交通压力,同时将两江新区、寸滩两路保税区港区与主城南部片区连为一体,为南北两区经济建设起到积极的助推作用。